隨時候命

政府飛行服務隊
展翅執勤

SEMPER PARATUS

政府飛行服務隊
退休人員協會
編著

商務印書館

隨 時 候 命 —— 政 府 飛 行 服 務 隊 展 翅 執 勤

編　　著：政府飛行服務隊退休人員協會

編　　委：李常福　陳恩明

責任編輯：蔡柷音

書籍設計：趙穎珊

出　　版：商務印書館（香港）有限公司

　　　　　香港筲箕灣耀興道 3 號東滙廣場 8 樓

　　　　　http://www.commercialpress.com.hk

發　　行：香港聯合書刊物流有限公司

　　　　　香港新界荃灣德士古道 220–248 號荃灣工業中心 16 樓

印　　刷：中華商務彩色印刷有限公司

　　　　　香港新界大埔汀麗路 36 號中華商務印刷大廈

版　　次：2024 年 4 月第 1 版第 2 次印刷

　　　　　© 2018 商務印書館（香港）有限公司

　　　　　ISBN 978 962 07 5793 8

　　　　　Printed in Hong Kong

序言 總監 - 陳志培機長

四分之一個世紀：政府飛行服務隊

執筆前我剛看過本書大綱，這大綱就像一本相簿，載滿了政府飛行服務隊（下簡稱飛行服務隊）過去 25 年一些較有紀念性的人和事，看後一幕幕舊畫面重現腦海。忽然覺得千頭萬緒，不知從何入手撰寫這序。雖然不想寫「光陰像白馬過隙」，或者是「光陰似箭，歲月如梭」之類的老套話，但卻又不能抹去這事實。

動力飛行已經有超過一百年的歷史，但香港航空業的全面普及卻不是很長的時日，以往一般人對航空業的了解只停留於飛機工程、空中服務員、地勤和機場管理。直到 80 年代，與飛行相關的行業仍是外國人的天下，沒有向本地年輕人開放。唯一例外的就是皇家香港輔助空軍（下簡稱輔助空軍）。當時輔助空軍的編制人數不多，但早在 50 年代已經有華籍志願機師、空勤員和工程人員。戰後的香港百廢待興，在英國空軍飛行教官的帶領下，輔助空軍提供了一些必須的社會服務，例如從偏遠地點運送傷病者到醫院、為偏遠地區村民提供飛行醫生和飛行牙醫服務等。由於裝備和人員訓練的限制，飛行運作只能在日間和在一定氣象條件下才能進行。

1984 年發表中英聯合聲明後，為保證對市民的原有飛行服務水準，政府決定將輔助空軍轉型為一個常規的政府部門，飛行服務隊就在這背景下成立。要轉型為專業的民用飛行部門，卻不是容易的事。當時面對的困難眾多，包括將正在服役的飛機「民用化」，加入香港的民航註冊裏；機師要考取民航飛行執照，工程師要考取維修執照。相對其他行業，機師的當地語系化計劃最遲起步，所以在成立初期，前線的主力機師仍然以外籍機師為主。

普遍認為轉型後我們的工作應該不及以往複雜和高風險，但正正相反。空軍輔助部隊的主要工作是協助及支援當時的駐港皇家空軍，作民事上的後勤支援，例如接載傷病者，替地政署航拍。轉型後，我們要負責特區政府各部門所需的一切飛行運作，當中最重要的包括支援警隊及其他紀律部隊的內部保安工作，及晝夜不休全天候的海陸搜索救援。總而言之，1997 年前駐港英軍的任務，加上原有輔助空軍的工作，再負起需求日增的飛行救援任務，飛行服務隊都要一力承擔。除了需要裝備上配合提升，最頭痛的還是專業人員的培訓。尤其在夜間和惡劣天氣下的飛行任務難度倍增，需要飛行人員豐富的經驗和應變能力，自然需要較長的時間培訓，欲速不達。

曾經有人問我，既然飛行服務隊購買飛機和培訓飛行人員遇到那麼多困難，為何不參考外國相近的飛行組織的經驗？如果參考美國聯邦航空局（Federal Aviation Administration）的法規，政府飛行服務隊就是聯邦航空局中的 121 部、145 部（外場和大修，再加上深切維修）、21 部和 181 部。在飛行機構的層面，以外國例子作對比，我們的工作涵蓋海岸防衛隊、特警飛行隊、一般警務飛行、消防飛行隊、氣象台（颱風及輻射探測）飛行隊，而且是定翼機和直升機同時在同一機構內運作，這樣的組合和綜合的工作能力，我相信是世界獨一無二的。今天的飛行服務隊，無疑在專業、人員裝備、飛機等方面，都是世界前列。近年英美等先進國家的同業來訪，都讚賞不已。

《隨時候命》雖然不是飛行服務隊的編年史，但當中輯錄了過去 25 年部門發生的點滴，一般讀者可以看到我們工作的一鱗半爪；身為飛行服務隊的一員，讀的時候必然有不同的體會，它儼然就是一本歷史相簿。

　　驀然回首，飛行服務隊已走過四分之一個世紀，書中故事就是我們部門的歷史見證，也是讓我們放眼向前、開展未來工作的支柱。恆久不變的是，我們服務香港和市民的熱誠，從上世紀 50 年代到現在，都沒有改變。

　　希望各位讀者也像我一樣喜歡本書。

目　錄

任務重重

認識
GFS

走進歷史

梁冠平
前一級空勤主任

1988 年皇家香港輔助空軍隊員

　　每當有新朋友問我從事哪個行業，我總是需要花費一番唇舌，解釋從事的工作——空勤員[1]。如果我再告知他們我所服務的部隊是皇家香港輔助空軍（Royal Hong Kong Auxiliary Air Force, RHKAAF），人們就會更加感興趣，充滿好奇心。現在，就讓我使用這個機會，介紹一下早期空勤員的工作，揭開皇家香港輔助空軍的神秘面紗和談談一些逸事。

盤古初開 —— RHKAAF

　　第二次世界大戰後，英國希望在香港設立輔助軍事組織去支援正規部隊，於是在 1949 年 1 月推出香港防衛軍法例（Hong Kong Defence Force Ordinance），正式成立擁有三支輔助部隊的香港防衛軍（Hong Kong Defence Force），分別為：香港義勇軍團〔Hong Kong Regiment

---

1　空勤員職系在 2000 年改稱為空勤主任職系。

（The Volunteers）〕、海軍後備役（Hong Kong Royal Navy Reserve）和香港輔助空軍（Hong Kong Auxiliary Air Force）。當時部隊主要由志願者組成，而香港輔助空軍的第一架飛機就是柯士打偵察機（Auster MK5）。1950 年 3 月，大體上完成招募所需人員包括機師、領航員、空管人員、維修及地勤人員、醫療組等等，香港輔助空軍正式成為一支獨立運作的中隊。

當駐港皇家空軍 28 中隊轉換裝備，香港輔助空軍就從英國接收了 14 架噴火式戰鬥機（Supermarine Spitfire）及 8 架哈佛訓練機（Harvard）。直到 1955 年 4 月 21 日，所有噴火式戰鬥機宣布退役。[2] 其餘的哈佛訓練機在 1957 年 10 月 31 日亦完成歷史任務，全部退役。

赤頸鳧直升機

由 1958 年開始，香港輔助空軍接收了兩架赤頸鳧直升機（Westland Widgeon），成為第一支在香港提供直升機服務的部隊，將戰鬥任務改變為社區服務，為香港市民提供醫療拯救及其他貼身服務。這些服務得到香港市民的廣泛歡迎。

1965 年 8 月，部隊舊有的赤頸鳧直升機被新的法國製雲雀三型直升機（Alouette III）取代。服務範圍亦進一步擴展至醫療救災、救火、外吊掛貨物和飛行醫生等。

雲雀三型直升機

---

2 最後一架帶着皇家香港輔助空軍標誌的噴火式戰鬥機 Mk.24（VN485），在 1989 年永久借給英國帝國戰爭博物館達克斯福德分館（Imperial War Museum, Duxford）展出。

七十年代初在新界上空作列隊飛行

RHKAAF 部隊徽章

　　1970 年皇家香港防衛軍正式解散，[3] 取而代之成立兩個獨立組織，皇家香港軍團（義勇軍）及皇家香港輔助空軍。為進一步擴展皇家香港輔助空軍的服務，1972 年增添了一架島民式定翼機（Britten-Norman Islander），配備當時先進的航電及可偵測 80 公里以內船隻的雷達，還裝配了 Wild Heerbrugg RC10 空中測量相機，替這個快速發展的香港，更快地繪製地圖及攝製高度準確的空中測量相片。

　　1978 年皇家香港輔助空軍將機上的皇家空軍紅白藍圓形標誌（如頁 19 上圖近機尾標誌）取消，正式以香港政府徽章取代，標誌着軍事作業正式終止。

3　英皇佐治六世在 1951 年授與香港防衛軍「皇家」的稱號。

1979 年位於啟德機場的機場隧道口，新皇家香港輔助空軍總部正式啟用，同年皇家香港輔助空軍正式由查理斯王子在石崗機場頒授中隊皇室旗幟和部隊徽章——一條紅色有翼飛龍在中間，背後有四葉螺旋槳，下面刻上座右銘 Semper Paratus（拉丁文意思是「隨時候命」），而這個座右銘一直沿用至今天的政府飛行服務隊。

獅子山下

屬政府部門

　　一直以來皇家香港輔助空軍都是一個政府部門，也是一個英聯邦輔助部隊。所有飛機都由香港政府擁有，但使用軍事飛行守則執行任務，不需要按民航條例操作。所有飛機維修程序及飛行人員專業資格都是軍事化的，整個部門的運作及飛行安全都由港督委任的團隊司令負責。

　　英國皇家空軍（Royal Air Force）則會指派中央飛行學院的一名空軍少校級別的資深直升機教官（Qualified Helicopter Instructor），負責部隊的飛行培訓及日常運作。在七十年代以前，還有一名資深的空勤教官，主理空勤員的訓練，但推行本地化計劃之後，該位置就和定翼機教官一樣，改由政府直接聘請合資格人士擔任。另外每年英國皇家空軍考核小組都會到部門作標準評核，確保飛行運作合乎皇家空軍標準。

　　在日常運作方面，主要靠少數全職的飛行人員及飛機維修人員維持，其餘大部分執勤人員都是志願人員（Volunteers），包括機師、空勤員、航管人員、警衛組、運輸及倉務、文書會計員等。每個志願人員都需要得到僱主同意，當有需要執行「動員令」時，返回部隊執勤，並且每年參加為期兩周的宿營訓練。志願隊員都有薪酬，由最低的隊員（Aircraftsman AC2）至中校級（Wing Commander）計算，以八十年代來說，金額由每日 200 至 550 元不等，而飛行人員每小時飛行時數則有額外津貼。

另外，所有全職制服人員需要在工餘時間當上志願輔助空軍人員。以我為例，在 1979 年加入皇家香港輔助空軍之後，除了在日間辦公時間作為全職空勤員以外，逢星期四晚上，都要以志願者身分參加集訓及夜航訓練，周末和假日就和其他志願人員一起當值，每年亦要和其他志願者一樣，參加宿營訓練。

改變的年代

七十年代初，我們的主要工作是執行日間醫療急救或其他需要空中支援的任務，並且與皇家空軍 28 中隊隔月輪流提供晚間空中救護服務。每隊在當晚待命的人員需要在下午五時向當時的警察總部軍警聯合中心（Police and Military, Polmil）報到，然後在家待命。遇到有需要時，中心就會通過傳呼機通知我們，待命人員就要立即返回總部，執行飛行任務。

七十年代末，越南政權改變，大量難民因戰亂而逃離國家，他們一般都選擇香港作為避難所。當年，除了搜捕內地非法入境者外，我們經常要執行的任務就是用定翼機搜索香港西南海域，尋找意圖進入香港水域的越南難民船隻，然後通知有關部門準備。

機組人員每次由天亮開始搜索，要飛上六至七小時，是一項非常辛苦及沉悶的工作。當時，島民式定翼機沒有冷氣設備及糧水，亦沒有提供任何衛生設備，空勤人員坐在副機師位置上，以目視和雷達搜索來往船隻，如有發現便低飛查勘。難民船進入香港水域後，我們會協助有關部門，為難民提供所需的人道援助。如果有人在船上患重病或有緊急事故，我們就會用吊運方式空運他們到醫院接受治療。

當時我們只有一架島民式定翼機，日間飛行，晚間維修，空勤及地勤人員的工作壓力都非常大。所以，政府應急購置了另一架雙引擎定翼機泰坦（Cessna 404 Titan），機身編號 HKG-4，並在 1979 年投入服務。.

到了八十年代，法國製造、當時第一代的雙渦輪引擎離岸多用途直升機海豚（Aerospatiale SA365C Dauphin II）逐步代替老化的雲雀三型，作為部隊往後 10 年的主要直升機。海豚跟雲雀相比，前者的載運能力增加了一倍。海豚可以滿載 1,400 公升燃油、12 位乘客或 130 加侖外吊掛救火水桶或兩張擔架床，航程更可達 500 公里。除此之外，海豚也是一架單飛行員儀表飛行直升機，可以 IFR 盲降[4] 用，大大加強了在惡劣天氣飛行的安全程度。

海豚 365 直升機

絞車在直升機的左邊，而機師則坐在駕駛艙的右邊，增加拯救工作的難度

但是海豚 365 直升機有一些先天性缺陷，它的搜救用絞車在左邊機門，而直升機機師是坐在駕駛室的右邊座位，在吊運時，絞車手的目視範圍與機師的完全不同。雖然有一點瑕疵，但海豚 365 在八十年代確實為當時的皇家香港輔助空軍打開了新的一頁。

另一新篇章則在 1987 年發生，當年部門新購 HKG-8 和 HKG-9 兩架超級空中霸王定翼機（Beechcraft B200C Super King Air），代替因應付越南難民而購買的 HKG-4 泰坦式定翼機。

---

4 IFR 盲降指機師利用機上儀表及雷達提供的資料，在看不到外在參照物的情況下進行下降的程序。

早期直升機與定翼機隊伍

　　新飛機擁有最新導航裝備、天氣雷達、紅外線偵測儀器，還可以空投救生設備，完全滿足了應對香港海域搜索救援的要求。空勤人員需要接受新設備的培訓，有效地使用紅外線偵測儀器、電子追蹤器等，成就了空勤員作為空中系統操作員之始。

　　增設這些新裝備後，超級空中霸王定翼機在反走私、電子追蹤及搜索救援方面，都發揮很大作用。不但可在超出直升機航程時作遠洋用目視及電子搜索，有需要時更可投下定位信標及煙火彈，或救命用的自動充氣救生筏及其他物資。

新里程碑——GFS

　　「我一直相信，直升機將成為各種拯救生命任務的傑出工具，而現在，在我生命臨近終結之際，我很滿意地知道已證明了這一點。」

直升機之父伊戈爾 • 西科斯基 (Igor Sikorsky)

　　1990 年 7 月 5 日，海豚 365 完成最後一次搜救任務，海豚機隊服務香港整整 10 年，飛了 16,000 個飛行小時，最後以 2,000 萬美元（比原本買入價僅少了 700 萬美元）賣給一位海外買家。同時，香港政府為回歸作準備，啟動了一個龐大計劃，預算使用港幣 11.6 億元購買新設備及改組皇家香港輔助空軍，變成一個民事飛行部門──政府飛行服務隊（Government Flying Service, GFS）。

兩款香港特別版的 S76A+ 直升機
（上下圖）

　　其中的 7,000 萬用作購買兩架超級空中霸王定翼機。直升機方面，經過兩年全球遴選招標，結果確認了美國西科斯基 Sikorsky S76 最適合作為將來隊伍的搜救及多用途直升機。

1989 年 4 月 4 日，部門與美國西科斯基公司簽訂了合約，購買 8 架用 Turbomeca 渦輪發動機的西科斯基 S76A+/C，包括 5 年內同價多購選擇、零件供應、長達 15 年的技術支援，及超過 100 名飛行人員及技術維修人員的培訓計劃。3 架直升機特別改裝配上 Honeywell 世界首創自動懸停系統，作為未來 24 小時搜救及警用專門直升機。

在簽訂合約的往後兩年，與 Honeywell 公司發出首個民用的、結合兩個電子飛行訊息系統 (EFIS) 及數碼自動飛行控制系統的自動懸停功能，配合 Racal RNAV II 導航管理系統、英國 TICM 紅外線 / 光學偵測器、可容易拆除的伸縮的 360 度旋轉的強力探射燈、救援用絞車和由皇家香港輔助空軍設計的滑動拉門 (Sliding Door)，共多達 127 項改裝，將原型的 S76 變成香港獨有。香港政府更是滑動拉門的專利權擁有者，幾年間，政府在專利授權方面已獲得 75 萬美元的回報。

1990 年 6 月首三架 S76A+（香港特別版）HKG-14、HKG-15 和 HKG-16 投入服務。另外三架 S76A+，HKG-17、HKG-18 和 HKG-19 在同年 12 月前也陸續到港。

半年後，最後兩架 S76C 配合新加大馬力的警用版也開始在港運作。那時是整個部門最忙碌的時期，一方面要熟習新機種、各種新儀器的運作，也要培訓新人為未來擴展隊伍作準備。為了增加熟練的人員，特別從皇家空軍借調兩名空勤人員執行日常飛行任務，騰出訓練人手。

1992 年 4 月在時任警務處處長建議下，部門再向美國西科斯基飛機廠訂購兩架 S70A-27 黑鷹直升機 (Black Hawk) 作長期支援警隊的飛行需要，尤其針對特別任務連（飛虎隊）及警察機動部隊的戰術支援及訓練。1993 年 1 月兩架直升機由海路運抵本港，在石崗機場行動基地裏組裝及進行訓練飛行。黑鷹直升機與 S76 的機身塗彩不同，全機深灰色，有一道淺灰色色帶，甚有硬漢子的本色。

政府飛行服務隊總部

香港的黑鷹直升機與美國陸軍 UH-60L 同型號，是當時標準中型多用途戰鬥用直升機。兩台 General Electric T700-GE-701C 渦輪發動機各可輸出接近 1,900 匹馬力，可載 19 名警員或外吊掛 9,000 磅貨物。自動封閉式燃料艙有彈道性防護功能，安全性及存活率特佳。儀表適合用夜視鏡飛行，自動調節平行尾翼可作超低空飛行。

GFS 徽章

HKG-22 和 HKG-23 黑鷹直升機在皇家香港輔助空軍的名義下使用不足半年，便連同所有其他飛機，全數在 1993 年 4 月 1 日轉為政府飛行服務隊旗下，並改為使用民用航空註冊編號，按民航條例操作，繼續為香港市民服務。

政府飛行服務隊的獨特性

James David EVANS（艾雲智）
飛行行動經理

　　港英政府管治期間，航空支援服務由皇家空軍 28 中隊和陸軍航空兵團 660 中隊提供，其後皇家香港輔助空軍成為獨立組織，開始逐步接手並提供空中服務。1997 年香港回歸，特區政府需要按照基本法，全面接手由英軍組織所提供餘下的航空支援服務。這就是政府飛行服務隊成立的背景。

　　其實，籌備成立本地飛行部隊的工夫早在上世紀五十年代已經開始。第一步就是為當時的香港輔助空軍在 1958 年添置第一批直升機，取代主要用作空中巡邏的定翼機。直升機比較適合香港那面積小但山多及離島多的獨特地形環境，較便於工作。同時藉此逐步改變組織的形象，趨向重視社區服務，而非純軍事用途。

六大工作範疇

用吊運的方法把遇險漁民送到直升機上

　　自香港輔助空軍在五、六十年代轉型，直到現今的政府飛行服務隊，這個由一班全職及志願飛行人員和工程人員組成的部門，為香港政府及市民提供一系列的支援服務，範圍涵蓋：

▶ 搜索及拯救（Search & Rescue, SAR）

　　在香港境內及按照國際海事及航空協定指明，在香港以南 1,300 公里以內的南中國海水域，若發生任何陸上或海上意外，可召喚政府飛行服務隊出動，抵現場進行救援。超級美洲豹直升機會經常不分晝夜，

支援警隊作內部保安工作

在天氣惡劣或颱風襲港期間,奉召搜救傷病者,並把他們送到醫院診治。

▶ 空中救護(Air Ambulance)

因離島或偏遠地區交通不便,GFS 會提供 24 小時候命及隨時奉召出動的空中救護服務,運送傷病者、孕婦等到市區醫院接受進一步治療。

運送傷病者

▶ 內部保安(Internal Security)

支援警務處及其他執法部門的工作,例如作空中反罪惡及反恐巡邏、偵緝走私、非法入境及販毒活動,亦會在有需要時進行空中交通監察等。

▶ 空中測量(Aerial Survey)

支援地政總署以高科技的數碼航空攝

偽色紅外線傾斜航空照片

彩色俯瞰航空照片

投擲水彈撲滅山火

影機作航空測量，以便更新地圖或進行其他測繪工作。

▶ 撲滅山火（Fire Fighting）

支援香港消防處及漁農自然護理署撲滅山火。直升機能外吊掛救火水桶，並加添滅火泡沫劑，增強滅火效果。

▶ 一般空中支援服務

支援其他政府部門包括民政事務總署、民航處及政府新聞處等，運送政府人員及物資前往偏遠地區，或接載訪港外賓。

現在政府飛行服務隊除了提供上述的飛行服務之外，部門還在九十年代初開始按照大亞灣核事故應變計劃提供大氣測量支援，監測有關風險。2000 年後，更引入公路救援服務（Roadside Rescue），我們的直

升機可以降落在高速公路上，將嚴重的傷者直接從現場接載到醫院，加快診治時間。

此外，我們亦跟海事處合作，遇到有嚴重海上油污事故時，可以利用直升機的外吊掛系統，運送噴灑器到油污現場，噴灑清潔劑和分散劑，協助清理。

多功能部門

世界上許多國家都為上述每一類飛行工作設立專門負責執行的單位，或者外判給私人機構處理。像美國擁有一些準軍事部隊，例如美國海岸防衛隊，這些大型準軍事部隊都擁有船舶、直升機和定翼機去

直升機正外吊掛一部可噴灑化油劑的容器

執法和進行搜救行動。其他組織將執行剩餘的任務，例如警察和消防部門往往會有自己的直升機。空中救護和一般空中支援服務則由醫院或商業機構以用者自付原則提供。剩下來的，通常會由軍方提供。鮮有像香港的政府飛行服務隊，如此的小編制，卻集眾多政府工作及社會服務於一身，有多重角色。

根據我在英國皇家空軍的經驗，跟政府飛行服務隊最相似的部隊應該只有駐紮在塞浦路斯英國主權基地的皇家空軍 84 中隊。該中隊只有直升機，他們同樣提供多元化的空中支援服務，包括空中救護、保安支援、搜索拯救和撲滅山火。

縱使皇家空軍 84 中隊的編制性質相近，也不能與政府飛行服務隊每年應對 2,500 次緊急任務，和為其他政府部門提供超過 1,800 個飛行小時的支援服務相比。政府飛行服務隊在提供一系列航空服務方面可算是獨一無二的。

人員培訓的重要性

　　將政府飛行服務隊塑造成一個多功能的飛行部門，在成本效益上亦可算是最恰當的選擇。機隊及人手不會因為只集中做某一、兩種工作而經常被閒置。然而，能夠保持部門在各種任務範疇上都可以有效地及安全地運作，對部門的挑戰亦不少，尤其是在訓練各職系的人員上。每年政府飛行服務隊花在訓練的飛行時數高達 3,300 個小時。以機師為例，除了獲得駕駛執照的基礎培訓之外，其他的專門飛行訓練都會由部門內的資深教官提供。

　　政府飛行服務隊內的所有機組人員，都不像大多數其他類似的組織那樣學習一、兩種技能便足夠應付日常工作。相反，因為部門服務的獨特性，我們必須學習不同的高級技能，例如山嶺飛行；利用外吊掛系統去撲滅山火；在夜間搜索、救援時使用夜視裝置和戰術飛行等。

　　以上所有訓練都由部門內的教官負責統籌及執行，值得一提的是，教官其實同時亦要負責執行日常和緊急飛行任務，可謂一人充當幾個角色。為了確保訓練質素，緊接世界先進技術和科技，部門還會定期跟其他先進地區的不同飛行單位交流，甚至邀請他們到港觀察我們的工作並提供意見。

　　總而言之，政府飛行服務隊的運作模式以及所能提供的飛行支援服務，是區內獨一無二並且非常成功的。除了一支可靠的機隊，一班訓練優良以及富有責任感的團隊更是部門賴以成功的基石。

　　我非常高興有機會成為這個團隊的一分子，見證部門的成長，以及秉承皇家香港輔助空軍一直傳承至今的部門座右銘——隨時候命。

專業 GFS 機師之路

胡偉雄
總機師（行動）

在任何一隊飛行隊伍中，機師顯然是核心人物。沒有機師，誰去操控飛機？即使飛機的維修保養再佳，服役往績多優秀，沒有機師把它的優點與性能充分發揮，飛機也只是一件機器。

政府飛行服務隊的前身——皇家香港輔助空軍是個政府部門，當時的機師隊伍只由數位外地來港機師，及一羣於周末及假期以義務性質協助的機師組成。由於飛行任務只是支援性質，當時機隊數目只有三部直升機、兩部定翼機及三部訓練機。

1990 年，皇家香港輔助空軍引入新一批直升機隊，以提升隊伍的行動能力，當中主要提高遠程全天候搜救及運載能力。同年 8 月，是皇家香港輔助空軍一個重要的里程碑。經過一連串的考核過程，正式甄選出首批八位本地見習機師，為日後政府飛行服務隊持續培訓本地年輕人成為專業機師，服務香港大眾，奠定了基礎。

準機師的重重關卡

由於香港地理環境因素及空域有限，缺乏訓練專業飛行所需的配套，所以難以在港向學員提供全面及有系統的專業飛行訓練。見習機師都會被派到海外作專業飛行訓練，考取商業機師執照。此訓練計劃初期，所有見習機師必須首先在英國完成私人機師執照（Private Pilot Licence, PPL）課程。成功取得執照後，會回港跟隨部門飛行教官以火螢 T67 單引擎訓練機（Slingsby T67 Firefly）在香港空域進行進階飛行訓練，以提升學員技術。

火螢 T67 訓練機

雖然在港的訓練機機種跟英國空軍的不同，但訓練內容跟皇家空軍的課程相近，再加上緊急處理技巧、花式特技飛行、基本儀表飛行和編隊飛行等高階訓練項目。香港的飛行訓練內容可謂既豐富又充滿挑戰，試想見習機師要獨自駕駛飛機往返啟德機場，在新界上空進行特技飛行，難度極高。

完成基本訓練後，見習機師會被選派到直升機或定翼機機種進行培訓。學員會再次被派到英國，接受商業機師執照課程（Commercial Pilot Licence, CPL），課程內容包括全科飛行理論知識和高階飛行訓練，其中更包括機師儀器飛行特級（Instrument Rating）。1993 年，首批的直升機見習機師被派到英國雷德希爾（Redhill）的飛行學校（Bristow Flying School）訓練。當時使用的直升機型號是 Robinson R22 及 Jet Ranger B206。而定翼機訓練則在牛津航空學院（Oxford Flying School）進行。當完成商業機師執照課程及儀器飛行特級後，會回港接受直升機（西科斯基 S76 及黑鷹 S70）和定翼機超級空中霸王（Super King Air）的進階訓練。

自 1990 年首次徵集及訓練本地見習機師開始，此計劃往後都持續進行，而訓練內容和方式會隨着全球的航空發展趨勢，及主要航空組織如美國聯邦航空總署（Federal Aviation Administration, FAA）及歐洲航空安全局（European Aviation Safety Agency, EASA）等適時修改機師執照要求，而作出改變。1993 年 GFS 成立後，以上的訓練方式仍然繼續，直到 1995 至 1996 年後，已直接派送見習機師到外地的飛行學校，接受專業飛行執照訓練，例如商業機師執照或民營運輸機機師執照的理論考試（Frozen Airline Transport Pilot Licence, ATPL），毋須再考私人機師

執照及接受本地基本飛行訓練。這安排大大提高學員飛行訓練效率及有效地控制飛行訓練的時間。

眾多海外實習機會

九十年代，全球的航空市場低迷，直升機的使用率尤其急劇下降，以往最大的直升機飛行需求來自北海的石油和氣體業，當時則大不如前。雷德希爾的飛行學校隨後關閉，但另一方面，在 1998 至 1999 年，英國民用航空管理局（UKCAA）在美國授權當地飛行學校開設商業機師執照訓練課程。1999 年，首兩位本地直升機見習機師便被派往美國三藩市接受培訓。該處訓練環境優良，天氣良好，香港的見習機師可以在美國空域學習，增長不同的飛行訓練經驗。同時定翼機機師訓練地點亦轉到澳洲阿德萊德飛行培訓中心（Flight Training Adelaide）。很多大型航空公司都在該中心培訓機師。GFS 亦在同所飛行培訓中心培訓飛行教官，長遠加強部門的整體成長。

GFS 是個提供多元及多樣飛行服務的部門，對香港本地的年輕機師來說，他們普遍缺乏臨場的飛行出勤經驗和視野。因此，本地的年輕機師大部分會被派到外國交流實習最少六個月時間，他們可參與飛

日間直升機飛行

夜間飛行

起飛前的最後檢查

行工作，學習不同飛行機構運作，汲取飛行及管理經驗。這不僅是一種職業體驗活動，而是能讓他們在投入政府飛行服務隊工作前獲取不同的飛行經驗，例如如何在惡劣天氣下飛行，增強自信及技術。在香港執行任務很具挑戰性，但礙於環境因素，未能全面在香港培育年輕機師，令他們快速成長，此類計劃就是重要的平台。不過外調實習計劃多數與商業機構合作，假如業界不景氣也無法安排。

迎向新挑戰

近年航空業發展迅速，新航空公司、商業或私人飛行市場亦不斷增長，對專業機師需求大增，GFS 也面臨機師人才流失的難題。近年，越來越多已受訓和有經驗的 GFS 機師在還未達退休年齡下便離職，轉投商業的飛行界別。面對這樣的競爭，這不是一個能輕易解決的問題。但是，部門會投入更多資源，加強見習機師的徵集和培訓工作，替補流失。

隨着定翼機進入新的噴射飛機世代，而新直升機機隊也進行替換，GFS 必須積極應對飛機型號提升所帶來的一連串培訓工作，確保各隊員都有充足準備去接受新挑戰，實踐服務承諾，為市民提供安全及有效率的飛行服務，面對市民大眾對 GFS 的期許。

2018 年 7 月最新加入的 EC175B 獵豹直升機

十八般武藝：
上天下海的空勤主任

霍偉豐
空勤主任職系主管

每當人們問我怎樣才能成為空勤主任（Air Crewman Officer, ACMO），我的回答總是：「如果你想在空中工作，有時可以在水中一展身手，不畏高，能夠在陌生環境及壓力下單獨工作和解決問題，同時亦願意成為團隊的一員，那麼你就有了成為我們其中一員的基本屬性。」

0.0005% 的一輩

政府飛行服務隊的空勤主任人數約佔香港總人口的 0.0005%，這個數字未必是眾多專業工作中比例最低的，但已經可謂非常低。在政府飛行服務隊的四個部門職系中，空勤主任是最小型的，現時只有 42 人，但我們涉及的工作種類與範疇絕對是最廣，亦可能是最刺激的。

地球上有哪一份工作會是如此任務重重，既上山下海，又出入辦公室，那麼「動靜皆宜」？此刻在辦公桌前工作，兩個小時後，已被直升機送到香港以南 200 公里外的大海上空，然後單獨由絞車吊運到顛簸的小漁船上，再深入船上引擎室的底部，撤離一個受傷的水手。回到總部，打點一下裝備，又出發去接載訪港外賓，或者參與撲滅山火的行動，甚至聯同其他有關執法部門執行反恐任務。在不需飛行的日子裏，向其他政府部門講解及介紹我們的工作或飛行安全知識、打理飛行裝備，又或者在飛行指揮及控制中心當值日官。正因為我們的工作如此多姿多彩，每次招募行動都會吸引數千人投考。

在我們眾多工作中，最引人注目的應該是搜救行動。一般而言，搜救直升機上會有兩位機師和兩位空勤主任。一位空勤主任負責控制直升機上的絞車，叫做絞車手（Winch Operator）。他會控制絞車，以鋼索

直接把作為拯救員（Winchman）的另一位空勤主任放到地面或船隻上，執行拯救任務。絞車手要確保被吊在鋼索下的拯救員的安全，同時他還會用口令（Patter）指引機師，把直升機飛到適當位置，方便行動。當然，其他飛行工作，無論是撲滅山火，抑或執行內部保安工作時，空勤主任都有不同的角色要擔當。

A 絞車手在直升機門邊一面操作絞車，一面用口令引導機師，同一時間又要密切留意鋼索下的拯救員，確保他和被救者的安全

B 在船隻上進行吊運訓練

C 拯救員與被救者一同被吊回機艙

D 空勤主任亦要在飛行指揮及控制中心擔任值日官，協調不同的飛行任務

因為空勤主任的工作範圍廣泛，我們把此職位的資歷架構分為五個階段（Levels）；由日間基本飛行工作開始，到外吊掛系統、拯救員、絞車手，以至最後在夜間使用其他輔助裝備，執行夜間搜救任務。完成每一個階段的訓練之後，學員都會有一段實習時期，讓他們通過工作鞏固已有的技術及知識，同時累積經驗。

除此之外，學員還要在過程中完成一系列的輔助訓練，包括緊急院前護理及海上求生等。每年要接受考核，確保維持專業水準。一般情況下，從入職至完成全部五個階段的訓練，最少需要七至八年時間。

基礎訓練

新入職同事必須參加一個專為他們設計、80 小時的基礎航空知識課程。課程涵蓋基本飛行原理（定翼機和直升機如何飛行）、地圖閱讀、高低空導航知識及技巧、航空法等等。

空勤主任教官正在指導學員操作定翼機上不同的偵測儀器

技術知識方面，會教授飛機引擎和儀表等的運作模式，還有關於航空和飛行生理學，及人為因素（Human Factor）等課題。課程結束後，學員將會具備所需的背景知識，開始他們第一階段的飛行訓練。

大多數學員會首先在直升機開始他們的飛行訓練。但在某些情況下，例如學員表現出較強的空間意識（Spatial Awareness），那麼，他們便可能會先安排在定翼機上開展他們的基本飛行訓練，學習操作不同的精密電子和光學偵測設備，使用雷達以及應用雷達數據，在移動中的三維空間設計和執行不同類型的搜索計劃

空勤主任在降落前的最後準備

或偵察任務。

　　被揀選到直升機受訓的學員，會進行第一階段（Level 1）的培訓。完成此基本水平的訓練後，他們能夠在直升機上與機師合作，執行指定直升機着陸點 [1] 之間的飛行任務，以及基本的傷病者運送（Air Ambulance）。

　　其中，最重要的培訓內容是如何有效地與機師合作。如前所述，機師在駕駛室內視野受阻，着陸前，需要空勤主任提供的口令，才能安全地把直升機飛到指定的位置上，再由空勤主任檢查着陸點，繼而降落。有需要的話，空勤主任會再用口令引導機師微調直升機的位置才降落。

_____

1　在二十世紀八十年代初期，香港登記的直升機着陸點超過 130 個，大部分位於長洲、南丫島、大嶼山等離島及新界北部。建造的目的是可以讓直升機到達該處，支援當地社區的緊急需要或維護附近的設施。隨着道路交通網絡的改善和城市化的推進，部分着陸點已逐漸喪失其功能。例如，西沙公路開通後，位於榕樹澳的着陸點便不再需要了。

機組人員在已反轉的直升機模
擬機艙內，進行水下逃生訓練

過程中，空勤主任會監察直升機的位置以及跟障礙物的距離，確保直升機在整個移動過程中都是安全的。使用口令引導直升機進入安全位置或避開障礙物的過程，我們稱之為 Voice Marshalling。

學員還會接受進階的地圖閱讀訓練和在直升機上學習低空導航（low level navigation），這是我們在直升機上的主要職責之一。在訓練過程中，學員需要在低空（一般為 500 英尺至 1,000 英尺）的飛行高度，引領直升機飛到指定位置，精確度要求在 10 平方米以內。

海上求生訓練

除了這些基本的飛行員技能之外，學員還需要通過一系列的輔助培訓，包括直升機水下逃生、海上求生；考取無線電操作員執照、基本急救和基本生命支援術等認可資格；學習乘客和貨物處理、緊急情

況處置等。對於新入職同事來説，整個學習過程非常緊湊，學習曲線亦非常陡峭。

然而，好戲尚在後頭。

搜索和救援培訓——拯救員

完成 Level 1 訓練 9 至 10 個月後，學員開始接受搜索及救援訓練。首先，他們將學習如何成為一名拯救員。培訓的重點會從在飛機上工作，轉移到緊急院前護理和傷者處理上。

1992 年我加入皇家香港輔助空軍時，拯救員只需要完成一般急救訓練。如今，每一位合資格的拯救員都要完成超過 100 小時的緊急院前護理訓練，其中包括一個由部門與香港急症科醫學院（Hong Kong College of Emergency Medicine）共同發展及制定的院前急救培訓課程。除了課堂知識，還要通過大量的實景模擬訓練，增強他們的技能及應變能力。

合資格的拯救員在累積了一定工作經驗後，會被安排到英國等地接受進階緊急院前護理培訓，並定期到香港醫院的急症室和在救護車上進行臨床學習，保持他們此方面的專業水平。

拯救任務也是其中的重要課程，他們需學習在不同環境包括山嶺、懸崖、波濤洶湧的海上或不同種類的船隻上執行拯救任務。另外，在救援任務中，拯救員往往是現場唯一的救助人員，一方面要照顧傷者，另一方面要控制全局，確保直升機吊運過程中每一個環節及人員的安全。所以，除了專業技能外，能夠在高壓力下保持清醒、警覺，能單獨工作都是重要的屬性。

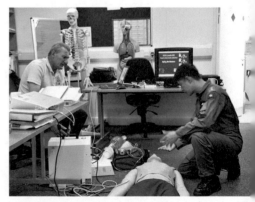

空勤主任在英國接受進階緊急院前護理培訓

A　GFS 的拯救員（圖正中綠衣者）跟消防處高空拯救專隊合作進行懸崖拯救

B　預備吊運拯救員到遇事船隻上進行海上船舶拯救

C　在西貢外海進行水中救人訓練

　　拯救員也要有很強的溝通能力，例如在救援任務期間，可能要與其他救援人員或遇事船隻上的水手溝通合作，短時間內了解事情的重點，決定處理的先後次序。因此，溝通技巧非常重要。

　　值得一提的是，根據我 20 多年的觀察，一個成功的拯救員，除了需要有上述條件，通常他們都有豐富的幽默感及樂觀的性格，從而減輕工作上經常遇到的壓力。

進階訓練——絞車手

　　正所謂「演而優則導」，累積了一定經驗又表現良好的拯救員，會被揀選接受絞車手的訓練。絞車手的工作跟拯救員完全不同，後者的主要

D 絞車手在機門邊控制絞車，把拯救員送到船上

E 晚間搜救任務

F 懸崖上的拯救

工作是在現場處理傷者。如果將一宗搜救事件看成一場表演項目，直升機可看成大型背景道具，拯救員是台前的演員，而絞車手就是這場表演的導演。

　　絞車手會在機門旁邊控制絞車。他擁有比直升機上其他成員都更好、更廣闊的視野，他的責任就是要因應現場環境，包括地形、風向以及待救者的位置，去決定怎樣用絞車將我們最前線的「演員」放到待救者身邊。聽似簡單的工作，其實絕不簡單，過程中，絞車手要一心多用，一面按照拯救員的手號，控制絞車，一面用口令引導機師把直升機飛到待救者的位置。如果過程中飛機的位置或高度有任何偏差，或者遇到甚麼突發事情，絞車手都要第一時間作出反應，通過控制絞車或發出新口令去確保直升機以及拯救員的安全。在最惡劣的情況之下，例如當直升機

引擎發生嚴重故障，絞車手要在千鈞一髮之際，看準時機，把絞車的鋼索切斷[2]，以免拯救員因為直升機要急降而被拖行。

其他訓練

空勤主任尚有一連串的訓練需要在直升機上進行，包括利用外吊掛系統撲滅山火，使用紅外線探測器（Forward Looking Infra Red, FLIR）或夜視鏡裝備（Night Vision Goggle, NVG），協助拯救或執行內部保安行動。此外，每一位政府飛行服務隊的飛行員，都要定期接受組員資源管理（Crew Resources Management, CRM）訓練。

為了確保每一位隊員都有強健的體魄去執行艱巨的任務，近年空勤主任職系亦引入「職業性體能訓練及年檢」。體適能教練會為每一位空勤主任度身訂造個人所需的體能訓練計劃，並且定期跟進成效。

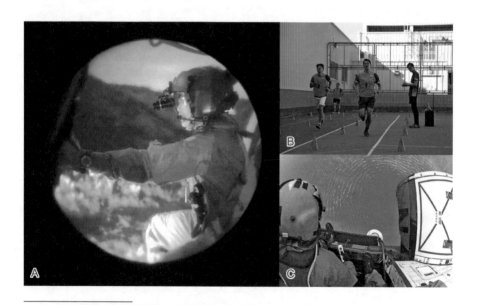

2　救援絞車上有一個裝置，當直升機遇到任何重大故障或有需要的時候，絞車手只需按下一個按鈕，即可切斷絞車的鋼索

A　夜視鏡訓練

B　體能訓練

C　空勤主任正在學習操作器材去撲滅山火

終極目標

　　要完成以上所有訓練課程和課程之間的整合，一般需要八至九年。然而，這並不代表已達終點。所有空勤主任都必須定期接受技術評估，確保其專業水準，評估內容包括年度飛行資格考核和每三年進行一次的緊急院前護理資格重審。

　　如果一位空勤主任未能通過以上考核，他將會被暫停有關的飛行職務，直到他重新通過考核並獲取有關資格。如果一位空勤主任能夠長期保持高於平均的操作水平，並且具有適當的個人質素和潛力，他將被邀請參加教官培訓選拔，成功通過選拔的人員會被送到相關的訓練機構進行教官（Qualified Crewman Instructor, QCI）訓練。

　　QCI 訓練主要分為兩部分，第一部分學習如何處理課堂授課，重點在於利用指定的課時，有效地把知識授予學生，其中包括不同的教學方法與及如何處理不同的學員。完成之後，受訓的 QCI 會開始學習在飛行環境中教學。在教室授課跟在空中教學非常不同，教室是一個受控制的環境，如果有需要，教官可以重複教授內容和示範動作。空中教學則完全不同，尤其對學員來講，機艙充滿壓迫感、噪音和震動，而且飛機燃料有限，我們都希望好好善用飛行中的每一分鐘，行事會更為謹慎。

　　QCI 在飛機上教學時，會把握有限時間先作示範，繼而循序漸進，引導學員練習。QCI 還要有很好的觀察力，能夠在短時間內識別學生的長處與弱點，以非常精確的方式處理這些弱點。受訓中的 QCI 會面對不同的模擬情景，例如 QCI 教官會扮成不同類型的學生，可能是技術上有問題，亦可能是心態上有問題，例如是過分自信或者有能力但缺乏自信的學生。受訓中的 QCI 都要按照學習大綱，為每一位學生制定最有效的訓練計劃。

　　QCI 跟其他運動教練有一點相近之處，就是每次教學員新技巧時，他必須最少示範一次，好讓學員可以「照辦煮碗」，正所謂「Monkey

See, Monkey Do」。正因如此，每位 QCI 都要保持非常高的專業操作水準和態度，否則，他們就沒有能力建立威信，也會影響學員的學習質量。跟其他飛行資格相似，QCI 亦要通過定期考核，確保其教學能力和質素。

以我個人為例，1995 年在英國皇家空軍中央飛行學院（Central Flying School）搜索及救援訓練中隊（Search and Rescue Training Unit）完成 QCI 基礎訓練和考試後，被頒予 QCI（B2）資格，成為見習 QCI。之後 18 個月內，需再通過另一次考核，考取 B1 資格成為真正的 QCI。隨後，還要通過定期的內部及外部審核。

作為一個空勤主任，在整個專業生涯中，除了要應付千變萬化的飛行工作，還要面對各種不同的考試，包括飛機上的操作、緊急院前護理、年度體檢等等。其實壓力不少，但亦因為這些壓力，令我們這份工作充滿挑戰性，吸引我和不少同袍長期留在崗位拼搏，成為那 0.0005% 的其中一員。

作者在英國威爾斯的英國皇家空軍搜索及救援訓練中隊（行內人簡稱為「SARTU」），接受教官訓練

英國皇家空軍專用的訓練直升機

作者（右一）與一班「後浪」

我們的工程部

曾國棟
前飛機工程師

1993 年 4 月 1 日前，皇家香港輔助空軍工程中隊（RHKAAF Engineering Squadron），也就是今天政府飛行服務隊工程部的前身，承擔所有與機隊維修有關的工作。

定翼機後為皇家香港輔助空軍的飛機庫

由 24 小時待命的外場航前、航間、航後例行檢查和排除故障工作，和一般於日間進行的較複雜的整體飛機、發動機、螺旋槳和航電系統等的定期大型基地維修和測試，到相對簡單的電池維修、行動和地面裝備的翻新和修補等車間工作，都是我們的前輩大顯身手的地方。

由於部門有軍事機構性質，當年工程中隊的運作毋須按民航條例操作。儘管如此，維修工作仍自覺地跟隨製造商的要求執行，務求令飛機交到機師手上時，都是處於與民航機相若的適航狀態。

隨着皇家香港輔助空軍於 1993 年 3 月 31 日解散，隸屬保安局的政府飛行服務隊於翌日成立。

工程中隊人員亦全體過渡至新部門之工程部，繼續執行原來的工作。由於要跟從政府編制，原工程中隊的技術主任職系改稱為飛機工程師職系，但職責範圍維持不變。

工程人員進行例行檢查和維修

按民航條例操作

以往是自覺跟從民航要求，但自同年 8 月 6 日，香港民航處核准政府飛行服務隊工程部成為《香港航空要求 -145》認可的飛機維修機構後，所有維修活動便全面按照法例和民航處要求、製造商規程和內部技術指引執行。也就是說，民航處對政府飛行服務隊工程部和其他商業飛機維修機構都會採用劃一的監管標準和程序。

當然，我們的工程部只是一個編 200 多人的政府部門內的一個分部，面對越來越先進的飛機系統設計和日新月異的工程技術，工程部人員在專業水平上不可能滿足所有需求。所以某些不在民航處核准範圍內的工程程序和技術，例如超聲波無損探傷、更換發動機模塊、修復主結構等，仍然需要外判給商業機構，甚至邀請飛機製造商派出專家前來協助。政府飛行服務隊工程部的架構與業界的大致相同，由總飛機工程師、高級飛機工程師、飛機工程

工程人員檢查主旋翼

超級美洲豹直升機待修

師、助理飛機工程師、總飛機技術員、高級飛機技術員和飛機技術員等不同職級人員組成。

這些人員在加入政府前，絕大部分都曾經在商業飛機維修機構工作，成為政府飛行服務隊工程人員後的最大改變，可能是擁有紀律部隊公務員身分和「服務對象」的體型變得纖小了。以同樣裝配雙噴射引擎的定翼機來說，雖然政府飛行服務隊的 CL605「挑戰者」體型比 A320「空中巴士」小巧得多，但在維修程序的多樣性和牽涉面方面並沒有太大分別。

政府飛行服務隊是以行動為主導的部門，總飛機工程師及高級飛機工程師組成的管理層，每天忙於統籌大大小小的維修業務和行政管理，也會留意「外場維修」、「基地維修」、「支援」、「技術服務」或「品質保證」等五個小組之間的人手編配。當遇上大型的救援行動、山火「旺季」及颱風季節等突發的人手需求時，可以及時作出調動。

常言道：「牡丹雖好，也要綠葉扶持」。作為工程部的綠葉，由政府

調派前來的資訊科技、文書職系和物流服務署等文職同事，也為工程部的日常運作提供了重要支援。他們對飛機零部件和工程服務的採購、技術記錄、維修策劃和行政管理的資訊科技化、大量文書檔案的妥善處理等方面，都作出了很大的貢獻。

電腦化的維修策劃制度

面對複雜和大量的維修要求，如果缺乏可靠的維修策劃制度，不能將維修工作單下發給前線人員在規定時限前完成，無論維修人員的水平有多高，設備有多先進，都是枉然。

以大型基地維修（定檢）為例，在飛機維修軟件和電腦化記錄系統協助下，工程部「技術服務」組會於四星期前準備定檢項目清單，和從電腦維修記錄系統下載該機所有即將到期的維修項目，加上人手需求估算、飛機入庫計劃、某些與定檢同時進行會更方便或具有成本效益的項目等等，一併交給管理層審閱和提供修改意見。最後由「技術服務」組編輯成該定檢最後定案的「維修工作總冊」，再由有關的高級飛機工程師批核和任命主管有關項目的飛機工程師。

「總冊」經批核後，只有「技術服務」組主管或有關的高級飛機工程師有權改動項目內容。在還未引入飛機維修軟件的年代，所有維修策劃工作都用人手以紙筆有條不紊地進行，當年同事的能力和效率確實令人佩服。

認可飛機改裝及適航驗收資格

2011 年 7 月，工程部獲香港民航處核准成為《香港航空要求 -21》認可的設計機構，並取得 Design Organization Approval（DOA）資格，成立設計辦公室，為飛機及零部件自行制訂和審批某些改裝或修理方案，毋須再將所有審批工作外判。

以前，一些比較簡單的改裝設計工作，例如在機艙內加裝放置行動裝備的掛架，也要外判給外間機構；在取得這個核准後，可以加快改裝程序，節省了政府資源，也提升了人員的專業能力。

　　不斷追求進步的工程部，2018 年 1 月獲民航處核准成為《香港航空要求 -183》認可的機構，並取得 Organization Designation Approval（ODA）的專業資格，可以自行處理一系列複雜的政府飛行服務隊新飛機驗收程序，再向民航處處長呈交報告，推薦簽發適航證書。

　　這些驗收程序過往由民航處的適航部官員執行，現在可以由工程部一些獲認可的人員以民航處處長代表的身分執行。這項核准目前只能用於接收政府飛行服務隊的新飛機，至於將來會不會獲准釋放更多權限，要看以後整個航空業的發展需要。

　　對任何機構來說，員工是最重要的資產。為了配合部門發展儲備人力資源，工程部按照人員的能力和意願，不斷為各職級人員尋找和安排各種不同的訓練，有與考取飛機維修專業資格有關的，例如機型訓練、維修執照訓練、設計訓練、專門技術訓練（如無損探傷、旋翼維修、行動裝備維修等），也有和後勤支援、安全管理和與個人發展有關的培訓，希望能為政府飛行服務隊工程部培養人才。

輔助部隊的演變

康貫中
輔助部隊主管

1993 年 3 月 31 日，是我們穿着皇家香港輔助空軍制服與使用空軍軍銜的最後一天。我們的護旗隊把當年由查理斯王子在港頒發的輔助空軍軍旗，送進中環聖約翰座堂作惜別儀式。

輔助隊員組的新一章

翌日，皇家香港輔助空軍正式過渡成為港府其中一支紀律部隊，並更名為政府飛行服務隊。所有全職隊員皆為政府公僕，留下繼續服務的志願隊員則編入政府飛行服務隊輔助隊員組。輔助隊員組與其他紀律部隊看齊，由高級輔助隊員（Senior Auxiliary Member, SAM）統率，直接向政府飛行服務隊總監負責。組別分為飛行、航空交通管制及醫療等三個分課。職級肩章改由軍星、單槓、皇冠組合而成。編制下設有直升機機師、定翼機機師、空勤主任、空中交通管制員、值日官、飛行醫生及飛行護士，秉承皇家香港輔助空軍傳統，繼續服務社羣。

聖約翰座堂內的惜別儀式

1993 年過渡至政府飛行服務隊後，航空交通管制課的隊員繼續於周末乘搭直升機往石崗機場當值，為駐軍、政府飛行服

務隊及香港飛行總會的機隊提供航空交通管制及資訊服務。其中一項別具特色的任務是，管控石崗機場上空進行的降傘活動，避免降傘進入一般航行路線範圍。我們的服務提高了各航空運作者的安全，令進行飛行訓練、撲滅山火及空中巡邏等任務時更暢順及更具效率。往後部門直升機支援及其他服務需求日漸增加，周末我們不再使用直升機而改以陸路赴石崗當值，此舉有利部門把所有資源投放於服務社會。

我們以技能及熱忱繼續服務社會，但隨着公眾期望日益提升，由志願機師及空勤主任組成的飛行課已逐漸無法滿足較高的服務承諾。至1997 年 1 月 1 日，大部分輔助隊員被安排於休止待命狀態，然而各隊員依然懷着一顆隨時候命、服務社羣的熱心。

低度支援的休止期

當時，英國皇家空軍正忙着撤退，並宣布不需要輔助隊員組提供航空交通控制服務。我們的工作量隨即迅速減少，並進入待命模式，對部門提供最低度的行動支援。與此同時，部門亦着力進行另一項重大變革，為搬遷到赤鱲角新香港國際機場作準備。

九七回歸中國，輔助隊員組除醫療課外基本上處於休止狀態，至1997 年底更進入永久待命模式。各隊員的義務工作合約陸續到期，成員人數逐漸減少。2000 年底，只有 8 名隊員仍然留任，分別為高級輔助隊員、4 位航空交通管制員及 3 位醫護人員。

往後醫療課仍維持有限運作，其時該課只是一個有三名隊員的小單位，便承擔起整個部門的醫療支援。進入廿一世紀，政府飛行服務隊創新地引入空中緊急醫療服務，輔助隊員組獲大幅擴充，並增立飛行醫生及飛行護士職位。

重整旗鼓的覺醒期

2000 年開始，飛行指揮及控制中心在周末期間的工作量大幅增加，召喚直升機緊急服務的次數持續上升，部門於是決定將輔助隊員組航空交通管制課重新投入服務。四名航空交通管制員於翌年二月完成複習訓練後再次擔任前線工作，並改組為行動支援課。隨後幾年，行動支援課編制逐漸擴大，為飛行指揮及控制中心和灣仔直升機停機坪提供支援，我們的義務工作亦由只在周末執行，進一步擴展至公眾假期。

增備人才的醫療課

2000 年以前，我們的醫療單位主要處理部門隊員的健康檢查，而對社會的醫療支援則來自空勤人員的急救知識，及向衛生署借助醫生及護士作每兩周一次的飛行醫生／牙醫服務。直升機隊會載接醫護人員往返偏遠地區為鄉郊居民服務。

隨着社會對急救醫療服務的需求增加，時任的政府飛行服務隊總監決定組織一隊飛行醫療隊伍，隊員都由醫院急症室或深切治療部的醫生及護士擔任，並編制於輔助部隊中。被取錄的醫生及護士都經過精心挑選及專業訓練，一隊專業的飛行醫療隊伍終於在 2000 年中誕生。下一章會詳細說明此醫療隊伍。

繼往開來

自 2000 年至今，輔助隊伍的編制共分四個單位，分別是行政課、飛行醫療課、行動支援課及空勤人員課。而輔助隊的主要工作亦跟隨部門及社會的需求而主力提供緊急飛行醫療救援服務、行動支援和協調工作。

最後，讓我簡單介紹歷任高級輔助隊員。葉迪奇中校為皇家香港輔助空軍最後一任司令，亦是唯一一位華人司令。政府飛行服務隊成

立後，他出任高級輔助隊員至 2002 年。趙寶樹先生於 2002 至 2006 年間接任，而第三位高級輔助隊員是柯俊伯醫生（Dr Francis Martin O'TREMBA，2006 至 2009 年），本人則由 2009 年 12 月獲委任並服務至今。輔助隊員會繼續持守專業精神，支援香港的飛行服務。

飛行醫療課

周志偉
高級航空醫官

2018 年政府飛行服務隊成立 25 周年，隊伍中的飛行醫療課也將近成立 20 年。由最初 10 多位飛行醫生開始，發展至現在近 80 人的志願團隊，實在有賴政府飛行服務隊內優秀專業團隊如機師、空勤主任、飛機工程部門及行政部門的全力支援。在此多謝各團隊為飛行醫療課所付出的努力，讓飛行醫療課成為一支優秀的航空醫療隊伍，把「將急症室帶到病人身邊」此信念變成現實。

飛行服務隊輔助隊員組合照

開展香港航空醫療服務

1999 年，醫院管理局急症專科統籌委員會擔當聯絡角色，促成醫院管理局、香港急症科醫學院及政府飛行服務隊合作，設立飛行醫生計劃，讓醫護人員可以到達現場，及時為傷病者提供適切的醫療救治，開展了

香港航空醫療服務的新里程。2000 年 10 月宣報飛行醫生（Air Medical Officer, AMO）服務正式開展。兩年後，飛行護士（Air Medical Nursing Officer, AMNO）隊伍亦加入，開始了現今隊伍的編制模式。

航空醫療有別於我們在急症室的工作，沒有整隊醫護人員的支援，也沒有最完整的醫療設備。只有緊迫的時間及狹窄的機艙，不時需單獨執勤，加上要考慮航空生理學對傷病者及拯救人員的影響，每次救援都充滿變數及挑戰。靈活變通、處變不驚、臨危不亂是每位隊員必須具備的基本條件。

大部分醫療課隊員都在公立醫院當正職，在繁忙的工作後，利用自己的休息日義務服務社會。要成為我們的一分子卻並不容易，飛行醫療課會作不定期的公開招募，首先會在百多名申請者面試中選出 10 多位合適人選，進行三天的入職訓練及選拔。緊密訓練包括介紹直升機的運作、航空生理學及院前救援的應用實務，還有直升機安全和求生訓練，及模擬傷病者處理訓練。通過所有訓練的評估及入職身體檢查後，便可正式執行任務。

入職後接受水上及山野訓練項目

現在每逢星期五至星期一及公眾假期，都會有一位醫生及一至三位護士在赤鱲角政府飛行服務隊總部隨時候命。還記得以前大部分前輩都説星期五及星期一通常都坐冷板凳，不會有太多出勤，這情況現在已經不再，平日普遍飛三至四轉，星期六、日則忙到機接機，飛七、八轉已不是甚麼獨特的記錄了。

兩大主要任務

我們的主要任務有搜索及拯救（Search & Rescue, SAR）及空中救護（Air Ambulance）兩項，會為傷病者提供即時及專業的醫療護理。

空中救護的前身是 Casevac，全名是 Casualty Evacuation，是專門為離島或偏遠的傷病者提供空中轉送服務，以直升機轉送到市區醫院接受進一步診治。隨着人口老化，需要轉送的病人不論在數量及病情嚴重性都大增。在短短 10 多分鐘的機程中，病情變化可以很大。

醫護人員替病人在停機坪或機上插入氣管內導管幫助呼吸，或在機上進行心肺復甦術已不是新鮮事。有時他們甚至會去到離島醫院或診所，協助穩定傷病者的病情，才作轉送安排。最近便有位飛行醫生在醫療設備較缺乏的離島醫院，及時為一名氣道阻塞並插喉失敗的病者，進行了外科氣道切開手術，否則病者可能會窒息而亡。

病人被送往灣仔停機坪後再轉到市區醫院接受診治

Search and Rescue，是搜索及拯救任務。直升機把醫護人員帶到肇事現場，降落至現場附近，或由約 200 英尺的高空吊下，讓我們替傷病者即時治療。短程搜索及拯救以山嶺救援為主，行山的市民近年大幅增加，其中很多卻準備不足，令我們要到香港不少

山嶺及沙灘上的拯救現場
（上下圖）

山嶺搜救，很多地方都沾了我們的汗水。輕微的扭傷、挫傷、跌倒骨折、脫骹及熱疾病不計其數，嚴重中暑亦不時發生，曾有中暑不省人事的病者，其體溫高達攝氏 40.9 度。

墮崖及山澗的意外時有發生，傷者大多會嚴重受傷，為爭取「黃金一小時」此創傷搶救的理想時間，即使在地勢險要的環境，每位飛行醫生及飛行護士都盡力為傷者作出最適當的評估及治療。在陡斜不平的惡劣環境為傷者評估、測量維生指數、建立靜脈通道、處理危害生命的傷勢是對我們隊員的實力、體能及醫護技術基本功的考驗。另外，不少隊員都體會過每逢夏天，在沙灘搶救遇溺人士後，全身被汗水及海水弄濕，制服沾滿沙泥的經驗。

遠程搜索及拯救以協助南中國海的船隻為主,若漁船及貨船的船員受傷或患急病,我們都會協助。隊員會穿着特製的乾式浮水衣(Dry Suit),隨超級美洲豹直升機出發。我們曾經為排不到小便的漁民插尿喉;為從貨櫃船船艙高處墮下,胸部受創導致嚴重氣胸、呼吸受阻的船員插胸腔導管;在郵輪上為一度心跳停頓,經搶救後危殆的病者,以兩小時送回香港接受診治。這些危急的病況都是大家難忘的任務。

飛行醫生(左一,為本文作者)
及護士配備各種急救用具

極具挑戰性的常規訓練

除了日常任務,飛行醫療課會有定期的訓練日,讓大家分享經驗,使飛行醫療課達到最高運作效率和水平。安全求生訓練是其中重要一環,每名隊員每兩年便要重溫使用救生衣及救生艇的程序,於泳池實習,並登機進行模擬逃生程序。

每三年需要到新加坡,學習模擬直升機墮海後的水底逃生術,訓練怎樣在注滿水及已反轉的機艙內,找到固定點(Reference Point),繼而辨別方向再打門逃生窗離開。不少隊員都笑説每次練習水底逃生術都可感受到瀕死的感覺。

我們亦與空勤主任合作,協助他們在招聘時作初步視力評估,為他們舉辦航空醫療訓練課程,建立緊急院前護理程序,進一步將政府飛行服務隊的醫療技術水平標準化、國際化。

隨着新機隊加入,邁向 20 周年的飛行醫療課將有新發展。挑戰者CL605 多用途噴射機已可改裝成醫療專機,配合已接受醫療護送訓練的隊員、新購置的醫療裝備及藥物,可以更有效地把傷病者由鄰近的海外

模擬直升機墮海，練習水下逃生

地方護送回港，提高院前急救護理質素。新直升機 EC175B 亦會配置全新的緊急醫療系統（Emergency Medical System Kit），包括更先進的醫療裝備如呼吸機、心臟去顫機及胸部按壓機等，使我們能更有效監察及治療傷病者。

能成為這支優秀的空中搜救及飛行支援部隊的一員，每位義務的飛行醫生及飛行護士都引以為傲。2020 年政府飛行服務隊輔助部隊飛行醫療課將成立 20 周年，在此衷心感謝各隊員多年付出的努力，希望醫療課同心一致，堅持我們的使命，迎接未來更多挑戰。

最佳
空中夥伴

遊走於短跑飛人與馬拉松選手的定翼機

梁敏超
高級定翼機機師

2016 年的夏天，我跟全世界數以十億計觀眾在電視機前見證牙買加飛人、綽號「閃電」的保特 (Usain BOLT)，在巴西里約熱內盧奧運以 9 秒 81 的成績奪得男子 100 米冠軍，實現連續三屆於奧運 100 米及 200 米奪金的運動員。他並且是有史以來首位同時擁有 100 米、200 米及 4×100 米接力的世界紀錄與奪得奧運冠軍的選手。

保特每次參賽都成為傳播媒體及觀眾的焦點，大家都應該記得他總會在決賽奪得勝利後做出朝天射箭姿勢，那不可一世的表情吧！

身高 196 厘米、擁有一雙長腿的保特，平均步距大約 2.44 米，跑 100 米只需 41 步便完成，而一般與他同場比賽、同樣是世界頂級選手卻需要約 44 至 45 步，就是這數步之距把保特推向前無古人的超凡境地。

作為運動愛好者，我對於數字較為敏感。我喜歡跑步，但自知那雙比 42 吋短了幾吋的粗腿，不會是爆速短跑的好材料，惟有退而求其次，向速度較慢的長距離跑探索。年少時於中學運動會已參加 1,500 米跑，近年愛上更長的距離，10 公里、半馬拉松及全馬拉松賽事總算都走了好幾趟。沒有教練嗎？在網上找個知名人物學習吧！這令我留意到另一位超凡的長跑傳奇基比斯拉斯 (Haile GEBRSELASSIE)。

由 3,000 米到全程馬拉松的比賽中，幾乎所有田徑長跑紀錄都有基比斯拉斯的名字。他於 2008 年的柏林馬拉松以 2 小時 3 分 59 秒奪魁，成為史上第一位可以在 2 小時 4 分之內完成馬拉松的跑手。

定翼機平均速度是 1 分鐘飛 10 公里，最高可達 1 分鐘 13 公里或以上

　　報道說出生自埃塞俄比亞的基比斯拉斯，小時候每日要跑 10 公里上學，放學後又要跑同樣路程回家，遲了回家會被請吃「藤條炆豬肉」。就是這樣困難的背景，造就了他在長跑世界的成就。小學時期我家距離學校不到 500 米，這或許能就我那不太亮麗的跑步成績，作出一個合理的解釋吧！說到這裏，你會否考慮讓兒女跨區上學，每天跑它幾個公里去？

　　我雖然沒有牙買加飛人的速度、埃塞俄比亞跑者的驚人耐力，可是作為定翼機機組的一員，通過日常飛行任務，配合定翼機提供的超卓性能，我竟能一併體現連上面兩位田徑巨人都未必能同時擁有的兩種超強能力，就是短跑所需要的速度（飛行速度）與長距離跑的耐力（續航時間）。

高速的搜救先行者

　　在遠程搜索行動的領域，定翼機通常擔任先行者的角色，其較直升機快上兩倍以上的速度，可以在最短時間到達現場，開始搜索。醫療急

救所指的黃金一小時非常重要，短時間到達現場，能為緊急傷病者提供適時及正確的治療，大幅提升他們的存活率。在馬路上，經常遇到爭分奪秒、趕着救人的救護車，我們的定翼機就是「空中的先頭部隊」，分別在於我們肩負的救援範圍非常廣闊，遠至距離香港 1,300 公里，甚至更遠的國際空域。

無論是運送在航行途中遇到事故、需要接受緊急治療的傷病者，或是搜索失蹤船隻，在海難中跌進海裏的船員，定翼機都擔當起搜索和確定失蹤或待救者位置的任務，以便隨後的直升機把他們運送到適當地點接受治療。若是航程遠超直升機所及，定翼機便會引導最就近的船隻到場提供協助。

比方說，定翼機在確定海中生還者的位置後，會先向他投下自動充氣式救生筏，讓他可以盡快離開遠比正常人類體溫攝氏 37 度低的海水，能夠做到這步驟已經可以大幅提高生還者的存活機會，讓他接受隨後的救援。顯然，定翼機的速度要求很高，保特的腳程速度可謂望塵莫及。

非凡的續航力

視乎不同情況，定翼機一般可以在抵達現場後的半小時內確定船隻位置。可是，若接收到不完整或不確定的資料、需要於超長距離搜索或遇上惡劣天氣情況等，都會增加搜索的難度。這時，定翼機的強大續航力將可作長時間搜索，提高尋獲失蹤者的機率。

新定翼機的續航力更長，覆蓋範圍更大。假如搜索途中有「充電站」（如同能夠替飛機加油的機場），搜索時間更可以延長。就像在馬拉松比賽裏，大約每 5 公里都會有補給站為參賽者提供飲料一樣。當你在全馬比賽跑到 30 公里，接過熱情的工作人員向你遞上的能量飲料及半隻香蕉（在東京馬拉松，還會有壽司、甜薯和可樂！），你會頓時精神抖擻，信心滿滿地繼續往前跑。

飛機續航力對於搜索失蹤者起着非常重要的作用，其耐力不是基比斯拉斯所能企及。在一次遠程搜索中，據經過的船隻報稱，發現一艘疑似在公海漂流的救生艇。定翼機到場後沒有接收到任何求救訊號，我們只能以低於正常高度進行目視搜索。由收到接報，飛機到達現場已經過了一段頗長時間，一艘沒有動力的細小救生艇，在水流、海面風速、風向的影響下漂流，其位置的不確定性將會大為增加。

　　經過近六小時的搜索，機上的剩餘燃油量越接近 Bingo fuel，意思是飛機僅餘回程所需要的燃油，以及若在目的地機場發生緊急事故需要暫時關閉，飛機需要飛往緊急備用降落機場的燃油量。

　　就在飛機快要回航之際，從機上對講耳機聽到隊員大聲呼喊：「suspected target at 4 o'clock, one mile！（在四點鐘方向距離一海里發現疑似目標）。」我們隨即把飛機下降到可以近距離檢視救生艇內情況的高度，經過來回數次低飛，確定有

拯救員（紅頭盔者）正準備把救生艇內的墮海船員送上直升機

數名生還者向我們猛烈揮手！那情況實在媲美走畢全馬，在終點衝線一刻看到打氣者向我歡呼的感覺（更有可能的是，他們是為我旁邊的跑手歡呼！），既激情，又有一點點釋懷！

　　能夠找到失蹤者，令他們脫離險境的感覺固然很棒，但並不是每次出動都會有完滿結局，更多的例子是無功而還，失蹤船員有可能跟隨船隻永遠埋在海床裏。每一次未能尋找失蹤船員下落時，我主觀願望是他們有機會跟隨海流漂到岸上，又或是能夠幸運地被經過的船隻救起。

搜救任務的不確定性

這麼多年以來在政府飛行服務隊參與搜救工作的經驗告訴我，每次出動都是不一樣的經歷，不一樣的挑戰。待救者的身體狀況、所穿的衣服顏色、有否穿着救生衣、失蹤時間、搜索位置和範圍大小、天氣、一同參與搜救的飛機或船隻的數量、搜救人員的經驗及狀態，再加上隨着時間流逝而產生的變化……以上種種狀況，都可以嚴重影響搜尋結果。

基比斯拉斯曾 27 次改寫世界的長跑紀錄，當被問到個人感受時，他說：「When you talk about world record times, you have to understand that everything must be perfect, the weather, the course, the temperature. It is not always enough to be in good shape.（說到世界紀錄，必須要天時地利人和。天氣、場地、溫度都要完美配合，那不是常見的。）」他不如我那麼「長氣」，只是簡單地講出幾個可能影響比賽結果的因素。

四個人去，四個人回來

曾經有一位資深的前輩說過：「你們一組四人（包括機師及空勤主任）出去搜索，最起碼要四人一起回來。」記得有一次定翼機奉命在惡劣颱風下搜尋一艘在內地水域擱淺待救的船隻，當時有一名地勤人員主動向我提出參與救援任務，他過去曾經接受基本的目視搜索訓練，在機上可以協助進行搜索，所以是次我決定讓他同去。

出發時那位上司前輩問我，該名隊員是否必須隨定翼機出發，我堅定地回答：「長官，是的。搜索地點能見度低，多一名 Observer（目視搜索者）可以增加尋獲船隻的機會。」我十分明白前輩的說話背後，是對隊員將會面對風險的關切之情。結果該次行動我們幸運地找到那隻擱淺船隻，直升機隨後將船員安全送返政府飛行服務隊在香港機場的總部。當日行動的情境，跟救援隊友的對話，佈滿紅色訊號（表示飛機被積雨

雲包圍）的雷達顯示屏幕，抵着大逆風回航，到最後在機場 07L 跑道降落，下班時看到脫險船員接受我們地勤同事送上食物和保溫毛氈一刻，仍猶有餘悸的神情等，我仍然有很真實而深刻的記憶。

強如保特及基比斯拉斯兩位田徑巨人，他們在賽場上遇到的挫折遠比勝利多。保特第一次代表牙買加田徑隊參與 2004 年雅典奧運，在 200 米第一輪初賽便被淘汰。2017 年，在英國倫敦舉行的世界田徑錦標賽 4 x 100 米男子接力決賽，亦是保特宣布退役前的最後一場比賽，最後他因為拉傷大腿肌肉未能完成。

政府飛行服務隊的搜索行動也一樣，不是每次出發都能保證會得到好消息。有一趟，定翼機在搜索行動的第三天，在距離香港二百多公里的南中國海發現失蹤船員的屍體。對於遇難者的親友來說，這是一個不幸的結果。這些例子比比皆是。只是每次行動都不應受之前的挫折打沉，仍需以專業態度處理。

未完的任務

基比斯拉斯跑畢 2015 年英國曼徹斯特 10 公里賽後宣布退役，他當時 42 歲（當年我也完成了當地的全馬比賽）。這位運動界的傳奇人物曾經說過：「The more you are getting older, you lose a little something. Of course there is another advantage, because of your long experience you can use it.（當你年紀越大，你就會失去一些東西。當然，這卻同時帶來另外一個好處，就是你會積累更多經驗。）」

回想 1990 年的冬天，我第一次跟着教官，坐進 Slingsby T67 小型訓練飛機，從啟德機場起飛，那景象恍如昨天。當時我懷疑自己是否能夠像他一樣熟練地完成所有複雜的飛行程序時，他拍一拍我的肩膀：「We don't need ten years of experience to do one good thing！（我們毋須積累十年經驗才去做一件好事！）」他說得對啊，擁有豐富的經驗會

協助機師較容易掌握每個飛行操作步驟，當面對難題時我們會比較容易做到正確的判斷，但只有努力與堅持才會幫我們完成每個飛行任務。正如保特曾說過：「Worrying gets you nowhere. If you turn up worrying about how you're going to perform, you've already lost. Train hard, turn up, run your best and the rest will take care of itself.（擔憂是毫無用處的。當你擔心自己接下來的表現，你已經輸了。努力練習，全力去跑，其他的事自會解決。）」

說到退休，客觀上我現在還未夠資格（雖然閒時都會思考這話題，尤其是每每見到退休同事的輕鬆愉快神情後），我還是選擇盡量儲起多一點如上面所說的，包括那些激勵的，又或是不太成功的飛行回憶和經驗，幫助同事和我更有效地完成政府飛行服務隊各種艱巨的工作。

美洲豹野外歷險記

林偉文
前高級飛機工程師

　　索罟羣島的大鴉洲這個島嶼，對於政府飛行服務隊飛行員來說，是一個非常熟悉的地方。但對其他政府飛行服務隊的地勤人員來說，就只是一個位於大嶼山南面的荒島，曾在 1989 年被闢作越南船民營。

　　越南船民問題解決後，島上的船民營被夷平了，只留下山頂上那個以前用作緊急運輸升降場地的直升機坪。現在該處已成為政府飛行服務隊日常訓練的好場地。

　　2013 年 2 月 5 日早上，編號 B-HRM 的超級美洲豹直升機在大鴉洲上空進行訓練時，機身有異常的震動，機長當機立斷把直升機緊急降落到停機坪上。

　　機師隨即使用無線電與總部聯絡，工程師 Stanley 和我被委派前往跟進調查，要求盡快由總部抵達現場了解情況。大鴉洲的直升機坪不能同時容納兩架直升機，所以我們乘坐的海豚直升機，要很小心地降落在直升機坪旁的草地上。

　　經過詳細檢查及分析各種資料後，大家都認為是波箱（即變速器）的內部零件出了問題。為安全起見，必須更換後才可以復飛。當下，我們互相對望，大家的臉上都各自出現了一個大大的「？」。在這荒蕪的地方更換波箱可行嗎？更換的工序其實非常繁複，簡單來說，首先要拆卸直升機的四塊主旋翼、引擎及相關零件，才可以更換波箱。如果在政府飛行服務隊總部內進行這項工程，約需要一個星期才能完成。何況想在這缺乏設施及適當工具的荒蕪之地上進行？難度實在非常高。

　　幸好直升機坪尚算寬敞，應該可以容納拆下的零部件和工具。停機

坪旁邊有一條狹窄的斜路通往山下，兩旁長滿雜草，沿路往山下方向走大約 20 分鐘便到達船民營舊址。

不遠處還有一個碼頭，但因天色漸暗，於是我們先將超級美洲豹直升機固定在停機坪上，然後乘坐海豚直升機返回總部，再從長計議。

收到我們的滙報後，時任總工程師李常福先生隨即成立特別工作小組，由高級工程師 Johnny 領導，Stanley 和我分別負責航電、機身及引擎的項目，總技術員林國豪先生安排後勤支援，開始策劃這項野外的飛機維修工程。

面對的困難

1　用甚麼吊運工具拆卸直升機的主旋翼、引擎及波箱？

2　怎樣把新波箱及有關組件運送到停機坪？

3   如何把其他物資送到停機坪，並建立一個臨時基地作支援？

4   面對農曆新年的來臨，怎樣在人手方面作出適當調配？

再次視察現場後，最後決定選用直升機空運相關工具，但是體積大或太重的物品則適宜由海路用船運送，於是隨即經物料供應組聯絡運輸公司。運輸公司翌日到現場視察，決定先把兩部有起重裝置的運輸車（吊機車）從海路運送到島上作為運輸及起吊用途。碼頭至停機坪的小路因為缺乏保養而破損不堪，預算需要用鐵板鋪平地面，運輸車才能通過。路旁的雜草需要清除，亦會建立一個臨時工作台在飛機的右方，方便工作。還需要另設三個帳幕來儲存引擎及其他零件，再加一個休息室。

2月8日（農曆年廿八），兩部運輸車在早上5時到達屯門碼頭登上躉船，9時便到達大鴉洲碼頭。可是，單單把鋼板一片一片地放在地上，鋪成一條道路讓運輸車駛過，已花了不少時間，兩部運輸車到了中午仍未能到達停機坪。而工程部技術員於早上8時便到達停機坪，先建起帳幕作臨時基地。其他工具和物資也陸續由直升機運送到達。

下午4時，運輸車終於成功由碼頭到達停機坪，共用了11小時。

及後，天氣開始轉壞，我們不得不撤退。八位同事先乘海豚直升機返回總部，因為天色驟變，越見惡劣，濃霧加上傾盆大雨，未能繼續用直升機接送餘下的20人。飛行指揮及控制中心的值日官於是要求水警協助，並指示20位人員步行下山，到碼頭等候水警接送。

等候了一個多小時後，水警輪終於來了。因為管轄地區的限制，警員要求我們先登上一艘較小的水警輪，再轉駁到大的水警輪。驚濤駭浪，要跨過兩艘大小不一的船，實在驚險萬分，幸好全部人安全過船。水警輪送我們到大嶼山石壁監獄碼頭，再由政府飛行服務隊的小巴接載回到總部，已是晚上8時30分了。

機件保安問題

大鴉洲雖然是個荒島，但工作人員擔心有旅遊人士或一些非法入境者登島。我們要確保從直升機拆下來的所有零件都必須完好無缺，才可全部裝回機上，所以有需要解決保安問題。我們在停機坪的旁邊設立了一座無線電錄像發射器，可以全天候實時監察停機坪的情況，確保沒有陌生人走近。

同時，要求水警加強巡邏，避免直升機零件被偷去或受破壞。總工程師也即時聯絡民安隊總參事官請求幫忙，安排隊員 24 小時在現場值班，特別是農曆新年假期期間，以防萬一。

翌日，天氣轉佳，我們只用上一天的時間便把主旋翼、引擎及波箱都拆下來，並用船運送回總部。團隊在農曆新年期間不停工作，先在舊波箱拆下可重用的組件，待新波箱由飛機廠送到後便立即組裝，加快工作程序，終於在年初四完成所有工序。因為波箱有相當的重量，如果用直升機吊運，需要外吊掛，着地時有機會損壞，所以最後選用海路運送。

等待這一刻

接着幾天，工程人員團結一致、上下一心，有默契地工作，用專業的工作態度，順利更換波箱。終於可以進行第一次直升機地面測試了，是次由總機師胡偉雄機長親自進行。總監及總工程師則在總部的控制中心看着電視屏幕的即時影像，大家都非常緊張。

第一次的 5 分鐘測試成功完成，大家都鬆了一口氣。依照維修手冊的程序，需要再次更換機油，然後進行第二次地面測試及 30 分鐘的離地測試，這時大家都懷着忐忑的心情在等待。

待胡機長完成測試，把向上的大拇指伸出窗外時，全部人都歡天喜地，終於完成世界上同類型直升機在戶外更換波箱的創舉！經過大家的

努力合作下，完成了一次極艱巨的任務，創造了新的歷史。

　　直升機返回總部後，經過詳細檢查，終於在同年 2 月 14 日正式復飛，繼續服務香港市民。

沒被改壞名的
捷流 41 飛機

梁敏超
高級定翼機機師

　　在政府飛行服務隊總部的每一樓層，都會看到一幅幅掛在牆上的照片。這些照片，有一些是彩色的及高清晰度的，有一些則是富有歷史意義的、比大部分隊員還年長的黑白沖曬照片。照片記錄了隊員的日常工作及參與部門活動時的情況之外，佔第二大比例的就是飛機照片。這些飛機都是現今或曾經在隊中服役的，是我們的中堅分子。

　　包括單引擎訓練機、雙引擎多用途定翼機，當然也有市民最常見到的多種型號直升機。跟汽車一樣，飛機都有各自的型號，有些還會被廠商冠上一個容易記起的名字，例如美國波音公司製造的波音 B747 珍寶客機（Boeing 747 - B747 Jumbo Jet）、歐洲空中巴士 A320 客機（Airbus A320）等，這些名字都是家傳戶曉的。

　　我自 1990 年加入政府飛行服務隊，親身接觸過這批在前線衝鋒陷陣的定翼機與直升機型號，以下想跟大家分享一下。

　　鑽石（Diamond DA42）是一架雙引擎訓練機。名字夠硬淨，但卻跟主要由碳纖維合成塑膠製成的機身不太配合。由碳纖維合成塑膠製成的機身，表面上看似比不上由傳統金屬構造的堅硬，但任何飛機的構造都是一系列的妥協，設計人員適度地採用這種物料所帶來的優點是減低飛機重量，令飛行更省燃料，提高整體飛行性能。此外，碳纖維合成塑膠能抵禦天氣及空氣中刺激性化學物質對飛機結構造成的損害，大大延長了飛機的壽命。

　　Zlin（Zlin 242L）的名稱最直接，正是捷克飛機製造商所在城市茲林（Zlin）的名字。引入這單引擎飛機的原意，是為見習飛行員提供更方便及更合乎經濟效益的單獨飛行（Solo Flying）經驗。可是隨着香港國際機

Diamond DA42 雙引擎訓練機

Zlin 單引擎訓練機

超級美洲豹直升機

火螢訓練機

黑鷹直升機

場交通日益繁忙，近年每天處理航班數量已經超過 1,000 架次，據報道其容量將接近飽和，已沒有太多空間讓 Zlin 這架飛行速度較慢的訓練機在繁忙的赤鱲角機場升降。

　　火螢（Slingsby T67 Firefly）、黑鷹（Sikorsky S70-Black Hawk）、超級美洲豹（Eurocopter AS332-Super Puma），還有快將投入服務的獵豹（Airbus Helicopters EC175B Cheetah），聽起來彷彿身處亞馬遜森林或是動物園裏。記得我的首次飛行便是在火螢訓練機上完成，隨後接

西科斯基 S76 直升機

SA365 海豚二型直升機

EC155 海豚直升機

受的「特技飛行」和「列隊飛行」訓練就更令我難忘。當年我們每一位見習機師都需要通過這類準軍事訓練及考核，作用是提升機師的飛行技術及對飛機性能的掌握。

　　西科斯基 S76 直升機（Sikorsky S76 Spirit）在一些中文網站被翻譯成「精靈」。記憶中服務隊內很少會用上這個名稱，雖然我們曾經替幾架 S76 直升機噴上像「藍精靈」般的顏色。

超級空中霸王定翼機

挑戰者 605 定翼機

EC155 直升機（Eurocopter EC155）的前身是「海豚」二型直升機（Aérospatiale SA 365 Dauphin 2），雖然它沒有一個官方的中文名稱，但一般人都喜歡稱它為「海豚」。

近年才加入的加拿大挑戰者 605（Bombardier Challenger 605）就最「挑機」，名字令人聯想到美國太空總署的穿梭機，它較我輩小時候最熟悉的「430 穿梭機」先進了好幾代。

最震懾人心的可能是超級空中霸王（B200C Super King Air），它的名字比某洗頭水更加「霸王」！

我最喜歡的是島民（Britten-Norman BN-2 Islander），名字平實又不失親切感。香港島是一個小島、我們不就是不折不扣的島民嗎？

我對英國製造的捷流 41 最有感情，它還在服役時，個人最大部分

的飛行經歷，包括訓練與行動，都與它為伴。捷流 41 的英文名是 British Aerospace Jetstream 41。

記得當年接收飛機前，政府飛行服務隊希望替兩架 Jetsream 41 飛機（香港註冊編號分別是 B-HRS 及 B-HRT）起中文名字，因此在部門內舉行了一次冠名比賽，最後勝出者是一位定翼機機師。大家都覺得「捷流41」這個名字非常配合飛機的特性——快捷的速度，加上流線的機身外型。

雙引擎島民定翼機（最左）

跟其他渦輪螺旋槳飛機的整體飛行表現作比較，捷流 41 的飛行性能有其優勢。它在顛晃氣流中的穩定性，能給予機組人員很強的信心，尤其為天文台收集天氣數據的行動中，飛機每每需要飛近颱風，穿梭於暴風雨裏，收集用作預測颱風路徑的氣象數據，因此飛機的穩定性非常重要。

捷流 41 型定翼機

除着環球市場對小型渦輪螺旋槳飛機需求的變化，製造商早年已經停止生產此機種。令到維持飛機運作所需要的部件供應日益緊張。最後，兩架捷流 41 飛機先後於 2016 年正式退役，由兩架挑戰者 605 取代。

捷流 41 這名字改得很好，假如時光可以倒流，我也會趁趁熱鬧參與此 Jetstream 41 飛機冠名的比賽，而我參賽的名字是「即是、掂」。

挑戰者 605

急降水塘：
把美洲豹帶回家

黃永德
前飛機工程師

2010 年 12 月 27 日上午 11 時左右，我收到電話通知，一架超級美洲豹直升機 B-HRN 在撲滅山火行動中，因為機件故障，急降在荃灣的城門水塘。

我立刻從家中飛奔到現場了解，是第一位政府飛行服務隊隊員到達。當時消防處的同事已用繩索將直升機暫時固定在岸邊（直升機本是降落在水塘中間的位置，但大風已把它吹到岸邊）。我看到直升機繫繩固定的位置不太正確，所以通知消防處同事重新把繩繫在正確位置（tie down point）上。

這時候，其他工程部的同事都陸續抵達，包括高級工程師 Johnny。當時 Johnny 為撤回直升機這個項目的負責人，我則是他的副手。我立時向他匯報直升機的情況及我的即時評估。就現場所見，要把直升機吊離水塘是件十分困難的事，因為根本沒有合適的工具能把直升機吊起，亦找不到適當的地方放置起重工具。

如何救起直升機

我們即時跟多個相關部門開會，商討解決方案。水務署強烈要求我們作出適當措施，以防止直升機洩漏任何液體污染水塘，嚴重影響荃灣區居民的食水供應。於是我們再次檢查直升機的狀況，並認為液體洩漏的機會不大，但水務署仍在直升機周邊圍上浮欄，阻隔可能的液體洩漏，以防萬一。

由於當時直升機的位置離開公路有相當距離，而且中段有一部分由

樓梯連接，根本沒有可能從陸路交通運送重型的工具到現場。短時間內我們都未能想出撤回直升機的具體方案，只想到盡快在現場拆去直升機的發動機和其他較重的部件，減輕直升機的總重量。

拆件行動需要先在水中搭建一個適當的平台才能進行。於是我們聯絡了很多工程公司，包括搭棚公司、香港飛機工程公司的木工組等等，評估在現場搭建工作台的可行性和所需時間。綜合了各方的專業意見，最快需要兩至三天才能搭建適合的平台。

這時我們收到直升機浮筒廠的意見，廠方表示不能在浮筒（Floatation）漲起時拖動直升機。因為浮筒不能負荷受拖動時過大的壓力，否則會爆裂。而且估計需要拖行的距離差不多 100 米，這真是一個極大的挑戰。

我們繼續探討了好幾個方案，包括租賃大型直升機作吊運、請求駐港解放軍協助等等。同時，繼續使用更多的膠桶牢固在直升機旁適當的地方，以鞏固直升機能垂直浮於水面。

我們再巡視水塘一周，經過一輪研究和詳細評估，最後決定將直升機直接拖到主壩（一處公路可以到達的地方），才嘗試把直升機吊走。但首先要盡快把直升機容易拆除的航電儀器全部拆走，儘量減輕它的重量。

大量測量評估

翌日早上，我們向其他部門主管説出我們移動和吊運直升機的方案，大家都一致贊同和作出配合。

水務署再詢問，如果直升機在拖行時沉沒，我們如何應付？

暫時固定在水塘岸邊的直升機，機旁已圍上浮欄

我們即時回覆，根據我們的觀察及評估，直升機沉沒的可能性極低。因為我們額外用了大量塑膠桶放進直升機機艙以保持浮力，亦有不少數量的膠桶支撐着機身，用作穩固和平衡。就算所有直升機的浮筒都破裂，我們仍有信心，膠桶能有足夠的浮力支撐機身。

不過，我們還是作了最壞打算，安排深水潛水員作戒備。

拯救行動正式開始，我們找到全港最大型的吊機車，由交通警員引路，開往城門水塘的大壩。幸運地，我們在大壩找到一個剛剛可以容納這巨大吊機車的地方。我和吊車公司的工程師作初步評估，吊臂伸出的長度按電腦重量比例計算，吊臂要從大壩伸展大約 120 米，才可到達直升機的位置。經過吊車上的電腦計算，吊臂大約可以承受超過 12 噸的重量，正是該吊機車的重量上限。

多次計算拆除直升機的航電儀器及主旋翼後的重量，再減除安全吊運的係數，估計應該可以安全吊起直升機。我們要求吊運公司的工程師準備一條可以吊直升機總重量三倍的安全吊帶。一切準備就緒後，我們決定在翌日進行吊運。

同心協力，按部就班

12 月 29 日早上，天氣不錯，但非常寒冷和略為大風。所有參與行動的工程部人員到達現場，和其他各部門的主管作簡報，邀請他們配合。部分同事更需要換上向空勤主任組借來的乾式浮水衣，方便在冰冷的水中工作。

接着，我們再一次檢查直升機浮筒和外加膠桶，消防處的潛水員也協助確定水底的情況，及清除所有直升機底的障礙物。當一切準備就緒，我們利用水務署提供的小艇，把直升機拖到水塘的主壩。

當時天氣十分寒冷，大家都非常緊張，不敢鬆懈。直升機開始慢慢移動，在拖行期間，水務署職員經常確保在直升機外圍的浮欄要圍着直

機身內外都滿是浮筒和外加膠桶

升機，就算不慎有液體滲出，都可以包圍着防止嚴重污染。整個拖行過程都在計算中，一切尚算順利，沒有突發事情發生。

當直升機到達主壩後，我們再次檢查並用吊機穩固直升機，將主旋翼逐一拆下。然後再將吊索穩固在直升機主旋翼的接頭上，逐一逐一拆去用作幫助托起和平衡直升機的附加膠桶，再加上一條繩索牽引着機尾，幫助擺動飛機的方向，並且防止吊運期間機尾搖擺。

一切準備就緒，我便叫吊機操作員開始用非常慢的速度吊起直升機，直至吊機完全承受飛機的重量時稍作停止，再檢查一次吊帶和接口。

確定一切正常後，再繼續吊起直升機，直至即將離開水面，再放慢速度。然後慢慢將直升機吊離水面。看在工程人員的眼裏，這個程序既緊張又刺激，如果當時直升機的吊索出問題便大件事了，絕對不能有任何差池。估計大家都緊張得心都快要跳出來。幸運地，一切順利。

當直升機剛離開水面，我叫吊機操作員先停一停，因為要把直升機艙內的水排走，才可繼續吊走。

A 以小艇拖直升機到主壩

B 拆下主旋翼

C - E 成功吊起整架直升機

F 直升機已放置在卡車上準備運走

E

F

15 分鐘後，水都排走了，同時工程人員已經在機尾的控制繩位置準備好。我們再檢查一次直升機的狀況，確定一切正常後，直升機繼續被吊起，跨越大壩的斜坡，放在水塘大壩的路邊。這時，工程部的浮筒專家已經準備就緒，立即拆除機上的浮筒，讓直升機可以安全地放在卡車上。相信當時的工作人員心裏都同聲歡呼。

　　眼見直升機吊到安全位置，我便跟着跑上斜坡到達壩頂。或許是過分緊張，我的左腳小腿肌肉撕裂了，初時我不以為意，但三分鐘之後，已經不能走動，要坐在部門的車上休息。

　　看見直升機安全放置在大卡車上，心情已經由極度緊張和興奮，慢慢回歸平靜。那時我的小腿已經腫脹起來，非常疼痛，我請同事不要叫救護車，因為不想電視台和記者因此追訪，只用部門車輛把我送到仁濟醫院急症室。經過治療後再回到水塘，已看見這隻超級美洲豹直升機被帆布包裹着，準備運送回赤鱲角總部。

　　後來我因工傷臥床兩個月，需用拐杖走路。康復後回到總部，肇事直升機已經由另一組工程部同事接手，進行復修工作。

　　這次行動是我的工程師生涯中，最刺激和最有成就感的一次。我們只用了 56 小時，便把直升機從惡劣環境安全吊運回總部的飛機庫，這完全有賴一眾工程部同事、其他政府部門及吊車公司的協助。

急降水塘:
已潛水的救火水桶

林國豪
前總飛機技術員

　　當我們成功把超級美洲豹直升機帶回總部後,下一個工作就是盡快打撈沉在城門水塘底的救火水桶。

　　直升機急降水塘前,正在撲滅山火,所以直升機外吊掛了一個水桶,水桶跟直升機同樣落在水塘。為了避免污染食水,我們通知城門水塘的主管,已聘請了打撈沉船公司負責打撈,預計用三天時間搜尋水桶的位置,然後打撈起來。因為水塘用以儲存食水,不能隨便使用私人船隻,必須向水務署借專用的小艇來勘察水塘,尋找水桶。

　　城門水塘的主壩有 80 米高,還有 25 米高的菠蘿凹副壩,最大庫容為 1 千 300 多萬立方米。地方之大可見搜尋工作非常艱巨。

評估水桶的可能落點

　　2011 年 2 月 23 日早上,天氣晴朗,開始第一天的搜索工作。根據機長報告的位置,我們與打撈工作的搜索人員研究水桶墜入水塘的可能位置,決定由菠蘿凹副壩附近下水,由水塘左面近針山方向,橫向開始搜查。搜索人員以小艇進行搜索,並用聲納探測器放入水中查測。

水塘架設所需的查測設備

　　搜索人員到達指定地點,開始放置聲納探測器在水裏,聲納探測器漸漸沉下,慢慢沿着搜索範圍拖行,陸上的人員則在電腦察看水底的物件。經過一小時的搜索,沒有發現任何類似的物件。

在傾談過程中，大家從電腦看到水底有一條很闊的橫條，好像一道城牆，於是搜索員先放下浮標作定位。午飯後依據這浮標向主壩方向搜查。他們繼續出去工作，我則留在旁邊等候消息。

當時有很多遊人經過，他們好奇地詢問我們在做甚麼工作，對我們的工具和儀器也特別感興趣。有位中年人一直不肯離開，不斷發問，還逗留了一個小時，「陪着」我們。我們不便跟他多說，最終他無奈離去。

小艇來回搜尋了整個下午，搜索員最終報告「沒有發現」，我非常失望，只好直接向上司滙報，明天繼續工作。

猴子到訪

第二天早上回到總部後，我們再和上司討論研究，回想當天直升機應該在水塘中間位置提水去救火，事發時應該正向主壩方向飛行，所以這一次便決定先在中間搜索，以打圈的方法向外放射般探測。

接近中午時分，有一羣猴子來「視察」我們的打撈工作，因恐怕牠們會拿走或破壞我們的儀器，我們只能盡量驅趕，免牠們太靠近。當我準備吃午餐時，身後突然有隻猴子大聲喊叫，我回頭一看，手上的麵包已被另一隻猴子搶去了，當下感到很憤怒，卻又無可奈何。

經過早上的潛水查察，搜索員上水後，報告在水底 30 至 40 米深位置有一座如房屋的物體。如果在此水深範圍打撈，需要用上特別的儀器下潛。

午後繼續進行搜索，可是 4 時回程時報告都沒有發現，大家再一次懷着沮喪的心情回家。

終見成果

第三天早上，我們再三研究，計劃向深水方向探索，但是仍然沒有發現。大家都開始心急起來，嘗試以反方向搜查，再向主壩方向搜索。到下午一時，還未有發現。我們望着平靜的水塘，心情都非常沉重，開始有些意志消沉。

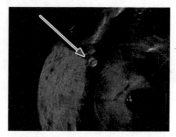

水底機械人拍攝水塘約 23 米深位置。箭咀所示為疑似的水桶影象

下午約三時半，突然傳來一則消息，說發現疑似水桶的物體。我們非常興奮，搜索員立刻使用水底機械人下潛，嘗試確定這物體就是我們的目標物。最後在水深 23 米的位置，確定那就是我們的水桶！潛水人員立刻下潛，順利把浮標固定在水桶上，並確定了位置，方便之後打撈上岸。

2 月 28 日早上，終於可以正式打撈水桶。兩位潛水員在 23 米水深打撈，把兩個浮波捆綁在水桶上。 每個浮波約可浮起 550 磅的物體，所以能把水桶拉上水面。我們首先看見兩個橙色的浮波浮上水面，然後漸漸看見我們的水桶了。運輸工人立刻把它搬上貨車，運回總部。三天的救桶行動，總算告一段落。

用浮波固定位置準備打撈　　　協助打撈的潛水員　　　水桶完整取回上岸

急降水塘：
美洲豹恢復健康

孫志華
高級飛機工程師

前文提到，政府飛行服務隊於 2010 年 12 月 29 日，只用了 56 小時便成功將超級美洲豹從水塘拯救回來。

意外發生後，直升機製造商一直與我們的工程部緊密合作。除了調查事故原因外，亦同時檢查直升機的受損程度。經過雙方嚴密審查及精細檢驗後，最終確定直升機可以復修。直到 2011 年 4 月，直升機 B-HRN 已被隔離在飛機庫接近四個月，我們都焦急地等候事故調查報告，希望能及早獲得指引，開始直升機修復計劃。

被隔離的超級美洲豹直升機

終於，民航處在 4 月最後一個星期完成所有意外報告調查。它們亦曾按復修方案向政府飛行服務隊工程部作出能力評估，確認了工程組能力後，才發出批示及認可該復修方案。

工程部「飛機修復核心小組」立即成立，小組專責超級美洲豹直升機 B-HRN 的全面修復工作。所有被挑選入組的成員，包括我，都對上級的認同及信任感到非常興奮。不過另一方面，我們卻為超級美洲豹的情況感到擔憂。儘管如此，小組各成員仍抱着積極信念和務實態度去迎接此艱巨任務。

我們深信，每個任務都是一項考驗，每項考驗都是一個挑戰。

大家試想像，整整四個多月來直升機一直被隔離，無法進行任何適

當保養，相信 B-HRN 已開始不斷惡化。閒置在飛機庫的時間越久，直升機的情況越壞。因此，當我們準備前期修復工作及拆卸曾受水浸部件時，防止鏽蝕的保護項目亦已展開。

修復計劃按照飛機生產商及民航處所發出的事故調查報告，並以民航處適航要求作基礎。我們亦加入額外要求，務求將直升機的修復效果達到最佳質量。通過多番審慎修訂，共花了三個月時間去完成整個 B-HRN 修復工作計劃。

最終「第九版」的修復計劃是政府飛行服務隊、香港民航處與歐洲直升機公司共同接納的最後修訂版。

一絲不苟的專案修復計劃

修復小組由總工程師指派以高級工程師 Johnny 為首共八名成員組成。我被委派為負責機身／引擎主管工程師，林偉文工程師主管航空電子工程，執行工程師陸敬聰和郭永生，以及持牌技術員蒙翰祥、葉鈺生和麥俊銘都是小組核心成員。小組後來再加入技術員高啟樂，令核心成員總數增加至九人。

然而，如此複雜的修復工作當然不可能只靠九個人去完成，核心成員需要集中跟進幾個主要項目，例如飛機結構重新設置及維修、零件控制及採購、檢查受浸水影響部件及協調飛機生產商技術支援。核心小組以外的同事則會分擔基本定期維修工作。

由於歐洲直升機公司已停止超級美洲豹的生產線多年，因此，缺乏後備零部件，成為了其中一項主要障礙。在這次事件中，直升機下半部分的結構受水浸影響已超過兩天，水位至直升機內的地板幾英寸以上。調查報告規定曾受水浸之零部件都必須更換或進行相應的海外維修，當中涉及的飛機零部件便數以千計。

缺乏零件的大困難

7 月初，所有運往法國的海外維修零部件，仍然在維修狀態中。而其它組件的訂購卻「沒有資料」，即仍然未尋到貨件。這些問題似乎很難解決，有見及此，我們決定加強政府飛行服務隊和飛機製造商的溝通，包括有關的區域客戶服務經理、區域技術顧問、飛機設計師和各種飛機系統專家，希望透過不同的視像會議、對話、協商和討論，能找到解決疑難之法。山窮水盡疑無路，柳暗花明又一村，慶幸最後大部分的技術問題都能完滿解決，不得不感謝雙方團隊的支持和協助。飛機製造商亦對我們的專業精神表示讚賞。

他們提到，從未有過一架超級美洲豹直升機，在急降水面後可以恢復運作，B-HRN 將會是第一架。他們對我們那整齊、整潔、專業的維修控制區留下深刻印象，並稱讚政府飛行服務隊工程部是其中一個他們所見過最優秀的維修機構。

B-HRN 超級美洲豹的修復工程進展良好。完成了超過 100 小時的系統測試後，便正式開始地面及飛行測試。所有工作人員都心情緊張，但又莫名其妙地感到興奮，期待的一天終於到來！經過一連串飛行測試、調教、再測試，B-HRN 終於在 2011 年 12 月 29 日，正式歸隊，繼續為市民服務。

這次復修行動，合共花了超過 6,000 個工時，2,000 多個單項維修項目，更換部件接近 700 件。7 次於引擎啟動狀況下作地面測試，測試時間超過 2 小時。飛行測試共用了接近 7 小時，確保直升機能完全符合飛行和執行任務的適航標準。

復修後的美洲豹英姿

急降水塘：
簡單解説直升機動力
與安全問題

王俊邦
高級直升機機師

一般而言，直升機主要分為單發動機（Single Engine）直升機和雙發動機（Twin Engine）直升機兩大類別。在直升機發展初期，只有單發動機直升機。

直升機發動機的作用，主要是透過帶動主減速箱（Main Gearbox）繼而帶動主旋翼（Main Rotor）旋轉，讓直升機可以在空中飛行或懸停（Hover）。

當單發動機直升機遇到發動機故障時，飛行員需要馬上進行急降。在急降過程中讓空氣穿過正在旋轉的主旋翼，從而產生足夠的能量，確保主旋翼繼續旋轉。假如直升機能保持一定的向前飛行速度，所需要的下降率（Rate of Descent）更可以減少至低於每分鐘 2,000 英尺或每分鐘 600 米。這個狀態便是自轉（Autorotation）。

透過在着陸前適時急速減慢速（Flare），並適時拉起總距桿（Collective Lever），讓在自轉過程中所維持的主旋翼旋轉動力，轉化為減低下降率的動力，使直升機可以在沒有發動機動力下降落（Engine Off Landing），保障機師和乘客的安全。

但由於沒有一個飛行員可以確保每次「沒有發動機動力下降落」都能安全成功，雙發動機直升機便成為了一個保障。只要並非兩台發動機同時發生故障，飛行員便不需要執行「自轉」及「沒有發動機動力下降落」的程序。

單發動機 VS 雙發動機

然而，雙發動機直升機卻帶出另一個問題。所有單發動機直升機的發動機功率，都足夠讓直升機在容許的操作情況下安全懸停。那麼雙發動機直升機的每台發動機，是否同樣需要有足以讓直升機懸停的功率呢？

如果是，便代表每台發動機在正常的操作下，只需要發揮百分之五十或以下的功率。這樣不就增加了直升機的生產及運作成本嗎？

最終，在需要滿足「商載飛行（Commercial Air Transport），飛機及乘客的安全都必須得到保障」的大前提下，國際民用航空組織通過並容許生產商減低每台發動機的功率。直升機的生產因此需要制定包括在懸停時、起飛過程中及降落時若出現單發故障（One Engine Inoperative）的緊急程序，盡量避免因減低每台的功率，而影響飛行安全性。

然而，當直升機面對一些高負重的運作如外吊掛救火水桶，協助撲滅山火時，若懸停時發生單發故障，餘下那台發動機的功率便很可能無法讓直升機繼續安全懸停。

以腳踏車作例

在飛行中，直升機主旋翼及發動機都各自維持在一定的轉速，以確保雙方在最高效能中運作。透過主減速箱減速，超級美洲豹直升機的發動機輸出（Engine Output）轉速由每分鐘二萬三千轉左右，減至主旋翼轉速的每分鐘二百六十五轉左右。

此外，為了確保當遇到發動機故障時，主旋翼的轉動速度不會受到發動機所拖累，每台發動機及主減速箱之間都裝置有自由齒輪組（Free Wheel Unit）。其操作原理有如腳踏車後軸上的飛輪一般。當我們踏腳踏車時，動力由腳踏經鏈條及飛輪傳到輪胎；但停止踏動時，輪胎的慣性作用會讓腳踏車繼續向前。

腳踏驅動單車鏈條，使飛輪轉動。

當我們踏單車時，腳踏驅動單車鏈條，使飛輪轉動。繼而飛輪內的內齒推動彈簧推爪，帶動單車軸跟輪胎轉動

單車後軸上的
彈簧推爪

飛輪內的內齒

當我們停止踏單車時，腳踏、單車鏈條跟飛輪同時停止轉動。但單車軸、彈簧推爪跟輪胎卻繼續滑行轉動，而彈簧推爪在飛輪內的內齒不停地滑過，並產生喀喀聲響

轉動中的飛動機
輸出軸心

軸承

自由齒輪組

2010 年 12 月 27 日在城門水塘發生的超級美洲豹直升機急降事故，連接第二發動機輸出及主減速箱之間的自由齒輪組內的軸承，因不正常耗損而出現短暫滑掉的現象。這個情況就好比我們踏腳踏車上斜坡時意外踏空了一般，從腳輸出的動力一下子沒有承接而急速消耗。此舉對踏腳踏車者只會出現短暫不舒適的感覺，但對那正以高速轉動及高馬力運作中的發動機卻不然。

這短暫的滑掉，讓發動機在瞬間超出了安全的轉速，由每分鐘二萬三千轉提升至超過每分鐘二萬七千八百多轉。發動機的超轉速保護系統（Overspeed Protection System）隨即發揮作用，將第二發動機關車。根據香港民航處發表的意外調查報告（Accident Investigation Report），當時發動機的最高轉速為每分鐘三萬零一百多轉，速度非常驚人。

由於第二發動機關車，餘下的第一發動機卻沒有足夠的功率維持繼續懸停或起飛。在沒有選擇的情況下，飛行員只能在水塘急降。

一般來説，發動機運作每一百萬小時才有一次故障的可能性；而這次自由齒輪組故障，發生的可能性更要比發動機故障低上一百倍，相信也是直升機飛行史上的第一次。

沒有人能百分百預算到會出現甚麼故障，發生甚麼意外。可是，憑過往累積的經驗、恆常的訓練及多汲取嶄新的科技知識，都有助我們每一次出勤時，能以最佳的技術、知識及應變能力去應對變化莫測的環境。

VR 助培訓

Clive CHAPMAN（卓立仁）
空勤主任教官

2017 年 11 月，GFS 從澳洲 Virtual Simulation System 引入虛擬實境的空勤主任培訓系統（Virtual Reality Aircrewman Training System, VRATS）。為甚麼 GFS 需要此系統？此系統能帶來甚麼效益？回答以上問題前，讓我們首先了解早期模擬駕駛艙的應用狀況，及看看 GFS 如何因應科技發展，使用有關系統，從而幫助提升訓練質素。

早期模擬駕駛艙

設計和生產模擬駕駛艙有幾個主要原因。機師及機組人員可以使用模擬駕駛艙作練習場所，練習一些在實際飛行時不能模擬的緊急情況下應有的處理方法。例如可設定飛機正在航行，引擎起火；或在關鍵時刻如降落時，引擎失靈；或一些飛機主要系統失靈；或設定在極惡劣的天氣下，要求飛機模擬飛抵世界上任何一個機場。機師和機組人員不用離開模擬駕駛艙，便能進行以上訓練，亦毋須使用珍貴的飛行時數。另一個好處是，假如機師首次訓練時表現未如理想，可以再練習。

三十年代初，美國曾發生多次飛機墜毀事故，都是在惡劣天氣下機師以儀表飛行（IFR）時發生。直至五十年代初，美國公司 Link Aviation Devices, Inc. 出產了最早期的一批模擬駕駛艙，以回應機師的訓練需求。此公司該時期出產的模擬駕駛艙都被稱作林克訓練機（Link Trainer）。

如今看來，Link Trainer 好像很簡陋粗糙，只以壓縮空氣和風箱操作，卻為當時的劃時代產物，曾遠銷世界各地，更在二次大戰中有所貢獻，令納粹德國空軍（Luffwaffe）覆滅。談到與 Link 的緣分，家父曾於

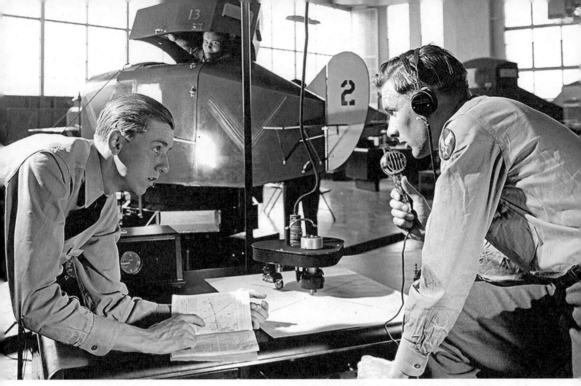

林克模擬駕駛艙。前右人員正在跟駕駛艙內的人員溝通（DeGolyer Library, Southern Methodist University）

二戰後期被派駐南非，作為帝國空軍培訓計劃（Empire Air Training Scheme）中英國皇家空軍（Royal Air Force）的林克訓練教官。

模擬更像真

隨着電子零件漸趨小型化，模擬駕駛艙亦有大革新。1983 年，我加入英國皇家空軍時，空軍機師都要學習低空飛行，以避過敵軍的雷達及飛機偵測。練習時，模擬駕駛艙內的機師需要看到低飛時的地表畫面。當時尚未有電腦圖像合成器，地表畫面只是由一個比例極小的實際地形模型，再以一個小型電視攝影機瞄準模型而

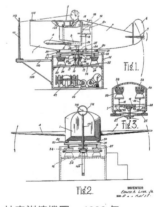

林克訓練機圖，1930 年

製造出來。當機師在駕駛艙內輸入相關指令，攝影機便會隨之移動，「飛過」模型，提供配合指令的圖像。模型是根據偵察機拍攝的實際地形照片製造而成，所以像真度亦算不錯。

　　視覺系統和電腦近年發展迅速，現時大部分的模擬駕駛艙無論在視覺效果或操作上的像真度已媲美真實的飛機。當機師完成其基本飛行訓練後，其他作業訓練都會在模擬駕駛艙進行，他的首次真實飛行經驗，可能已經在接載乘客了。

　　那麼其他機組人員的訓練呢？直至九十年代後期，隨着電腦遊戲界別發展蓬

教官工作站

勃，電腦圖像效果不斷提升，顯示器越見小型，由電腦模擬產生的虛擬實境技術也開始出現，而基本的虛擬實境訓練就開始被引入到直升機空勤人員的訓練中。學員只要戴上一副目鏡，複雜的追蹤系統便能夠偵測學員與機艙的相關位置，以及其視線方向，有關資訊會傳送到主電腦，繼而在學員眼前的一對小熒幕前顯示出其位置以及視點。虛擬直升機會由教官駕駛，學員則需要練習相關技巧以完成任務。

　　英國皇家空軍的肖伯里皇家空軍基地（RAF Shawbury，此基地早期主要進行直升機訓練）和瓦利空軍基地（RAF Valley，此基地主要進行高級的搜索及拯救訓練）都設有早期的直升機空勤人員虛擬實境系統，供訓練之用。以肖伯里皇家空軍基地為例，虛擬實境的區域包括基地周邊地區及近海地帶，學員首先在虛擬實境中練習所需的技術，達標以後便可以在真實的環境通過實際飛行去鞏固相關的技術。

學員戴上 VR 目鏡，模擬靠在空中的直升機門邊，向下俯視，以進行訓練項目

　　英國皇家空軍使用虛擬實境系統的成效顯著，學員的整體不及格率
由 20% 大幅降低至 5%，而需要額外訓練的學員，其補習飛行時數也由
15 小時減至 12 小時。

VR 系統引入香港

　　其實 GFS 的空勤主任早已在英國肖伯里和瓦利皇家空軍基地中，
使用過 VR 系統訓練。隨着人手增長所帶來的額外訓練需要及對優質訓
練的需求，GFS 在 2016 年決定購入虛擬實境的飛行訓練系統協助提升
訓練質素。在詳細研究市場上不同的虛擬實境訓練系統的過程中，我真
驚歎現今科技發展有多迅速，跟我從前在英國皇家空軍時使用的儀器比
較，如今的地形引擎已非常先進，能夠顯示差不多全球上任何一個角落
的準確地形。

GFS 在 2016 年底正式全球招標，最後由一所澳洲的虛擬仿真系統公司中標，按 GFS 的需要生產，包括一個以我們最新型的 EC175B 直升機為標準的直升機模擬機艙、教官工作站、電腦、追蹤系統、VR 目鏡的虛擬實境系統。該模擬機艙是以回收的牛奶瓶加工成高密度膠片，再塑形建成。堅固的機艙設計可讓我們用作虛擬實境訓練，也可用於其他訓練。

教官工作站可以讓一位教官按訓練內容進行不同的虛擬情景模式，他可以透過熒幕看到正在使用 VR 目鏡的學員所看到的畫面，還能以滑鼠控制飛機。系統可以記錄所有行動細節，以便在訓練後重播、分析和討論。

而美國生產商 Polhemus 製造的 G4 追蹤系統配備六度自由追蹤系統（six-degree-of-freedom tracking system），在頭盔上設有追蹤感應器，也設有 VR 目鏡及綜合通話系統。

除了基礎訓練外，虛擬實境培訓系統亦能為空勤主任學員提供各階段不同的訓練，也能為已合資格的機組人員提供持續培訓的機會，包括練習在不同的地型、環境以及天氣狀況執行各種任務，包括搜索拯救、撲滅山火等等。此系統也可訓練教官，及在機組人員資源管理（Crew Resource Management，CRM）訓練時大派用場。另外，GFS 還跟香港麻醉科醫學院（Hong Kong College of Anaesthesiologists）合作，使用虛擬實境訓練系統，進行醫療訓練計劃。

展望將來，我們還可以透過提升系統的軟件和硬件，加強模擬環境的真實性及訓練內容，從而提高整體訓練質素。

任務重重

從工作看社會轉變

霍偉豐
高級空勤主任

　　政府飛行服務隊的工種多樣，從眾多的執法行動與空中救護行動中可以窺探香港和中國內地的城市發展、經濟活動、道路交通網絡及人民生活質素的改變等，可謂與時並進。

　　首先談談執法行動。我們一直跟政府其他執法部門緊密合作，提供重要的空中支援，如反偷渡、反走私和反恐等。

反偷渡巡邏

　　九十年代初，雖然已近回歸，內地的非法入境者偷渡來港仍然非常普遍。針對這種情況，皇家香港輔助空軍和之後的政府飛行服務隊隔天便會和警務處合作，到以北的邊境巡邏。我們的機組人員在早上六時上班，駕駛直升機飛到沙頭角或文錦渡警署接載一小隊警員，然後沿整個邊界圍網來回巡邏。

與警察進行定期訓練

　　我們一般會以較低的高度飛行，有時甚至會低至 300 英尺，以目視方式偵查非法入境者的行蹤。若發現任何異樣，機上的警察會通知他們的指揮中心滙報狀況。若看到懷疑非法入境者的蹤影，我們會直接將機上的警察送到地面，逮捕可疑人物。這種任務一直持續到九十年代中期，由於從內地偷渡到港的人數大減，有關單位亦引入更先進的定點偵測儀器，此任務也隨

之被取消。直到近年，大量南亞裔非法入境者湧入本港，我們亦重新開始跟警務處合作，展開定期的反偷渡巡邏。

越南船民營的管理支援

除了反偷渡巡邏外，政府飛行服務隊亦曾支援警務處等其他政府部門，管理越南船民營。1979 年港英政府簽定國際公約，香港列為第一收容港，接收大量越南船民入境作甄別，安排別國收容或遣返。大家可能還記得九十年代分別在幾個船民營發生的暴動事件，尤其是在 1992 年 2 月 3 日黃昏時分，那時為農曆年三十晚，在石崗船民營地發生了最嚴重的一次暴動。南越和北越人發生衝突，最後造成 24 人死亡，130 多人受傷，為香港史上傷亡最慘重的越南船民騷亂事件。

自此，政府採取更小心謹慎的方式管理船民營。其中一項措施是在沒有預先通知的情況下，不定期把船民從一個營轉到另一個營居住，阻止「地方勢力」在營內發展，但這舉措引起了船民很多不滿和抗爭，他們甚至採取暴力手段反抗。因此，有關部門都必須在搬營前，制定周詳的計劃，應付所有可能發生的情況。

在行動前幾天，政府飛行服務隊會協助警務處在船民營周圍的山頭設立隱蔽的觀察站（Observation Post），以監察船民的一舉一動。為了不打草驚蛇，在運送警方的「觀察員」到那些隱秘的觀測站時，我們都會飛得很低，希望利用周圍地形的天然屏障阻止人們看到直升機。

此外，我們必須考慮風向，如果順風飛行，氣流會將直升機的噪音帶到很遠。因此，我們不得不在營地的下風位飛行，減少噪音，讓人不易察覺我們的行動。但下風位飛行一般會較危險，要求較高的駕駛技術。

為了盡量減少直升機出現在該區域的次數及時間，我們拆走座艙內所有座位，騰出更多空間接載「觀察員」（通常是兩位）及他們的設備和用品。最理想是一次過把觀察員和他們所需的一切裝備送到卸載點，並盡

量減少停留在卸載點的時間，以免直升機的運作引起營內船民的注意。

在搬營當日，直升機還會在區域上空監視整個過程，並為行動部門提供其他空中支援。類似的工作一直維持到九十年代末。直到 2000 年，香港最後的一個船民營——屯門望后石營在 6 月 1 日正式關閉。我們有關船民營的工作亦從此變成歷史。

反走私

在不同年代的緝私行動中，也見證香港和中國內地的社會及經濟發展。

改革開放後，內地鄰近地區及深圳經濟急速起飛，富起來的人民對奢侈品的需求龐大，固有的出入口管制已經不能應對如此狀況，卻為走私者提供了很大的生存空間和生意。

早在九十年代初，豪華轎車在內地有很大需求，一些不法分子在香港偷車後，走私客早已安排，立即以超高速、馬力強大、綽號「大飛」的快艇「速遞」到內地。

九十年代初期海上走私活動猖獗　　　　　特別設計用作運載汽車的大飛，在海上飛馳

在最高峰及糟糕的時期，香港政府甚至需要要求英國海軍協助，處理日益惡化的走私活動。政府內部亦成立了反走私特遣隊（Anti Smuggling Task Force, ASTF）專案處理，政府飛行服務隊就是特遣隊的成員之一，我們的主要職責是利用先進的雷達和熱能影像系統，進行空中監視，協助捉拿走私客。

走私客以為執法單位無法在夜間看清楚他們的活動，所以多數在夜間「速遞」，而我們正是在此時出動。事實上，所有船隻和走私客的活動都受到密切監視，在我們的先進設備下無所遁形。

當時大飛的船艙會按照流行的德國品牌豪華汽車的尺寸製造，每艘大飛可以剛好放置一部汽車，並以超過 90 公里的時速高速行駛。走私客的大飛比當時政府的大部分船隻都要快，所以需要使用直升機來追蹤和攔截。

當然，我們不會向他們開槍，我們的隊員是沒有配備槍械的。那麼怎樣攔截？我們能做到的是製造混亂，分散他們的注意力，令他們放慢速度，警察或海關的船隻就能趕上，並採取執法行動。

有一次，在完成一場撲滅山火行動後，我們瞬即被要求到鄰近吉澳對開海域的大鵬灣參與追截走私大飛行動。到達附近海域上空，機員看見一隻大飛正由香港水域邊界朝往內地方向高速行駛。由於直升機上沒有警察，我們不能做太多事情去阻止那艘船繼續前進。

當時我們的直升機下方還外吊掛着剛才用來撲滅山火的救火水桶。突然，機長想出了一個非常「有趣」的阻截方法。他說：「我們可以弄濕那艘船！」然後我們立即用救火水桶提起一桶海水，趕上大飛，把海水傾倒在大飛上。試想想救火水桶的容量着實不少，水的衝力也很強大，雖然此舉無法令大飛立即停下來，但是我們相信船上的引擎及貨物已受到一定程度上的破壞，該次「速遞」註定泡湯了，也令他們短期內不能再做生意。

隨着 1997 年針對高速快艇的新法例出台，大飛隨即成為絕跡的「恐龍」。與此同時，內地對奢侈品的需求亦出現了微妙的變化。智能電話成為需求榜上的頭號產品，不再是以往的豪華轎車或電器。以中型船走私的方式亦式微，走私客改用「螞蟻搬家」的方式，每次以舢舨運輸少量貨物，令我們更加難以追蹤，因為我們舊款的雷達不能非常有效地對木製的小目標作出精準的定位。當然，改用新型雷達後，舢舨就和大飛或其他船隻一樣無所遁形。

正所謂民以食為天，近幾年新興的走私貨物更加特別，是貴價和稀有的參茸海味和海鮮，例如龍蝦、鮑魚之類。雖然這些食物的售價不如汽車般昂貴，但是內地的需求量卻非常龐大，對走私客來說仍然有利可圖。我想這也反映了內地人民在生活水平和方式上的改變。

空中救護服務

搜索拯救是我們提供的緊急服務之一，另一項主要的緊急服務是空中救護，亦即是從長洲、南丫島等離島或其他偏遠地區，把嚴重的傷病者以直升機運送到市區的醫院救治。

在七、八十年代，我們時有被徵召，要求用直升機把傷病者從元朗大球場撤離，運送到九龍的醫院救治，這些傷病者主要是交通意外的受害人。當時元朗區只有一間規模較小的博愛醫院，沒有提供完整的急症服務，每當有大型意外發生，便需要徵召政府飛行服務隊（時為皇家香港輔助空軍）增援，把傷者接載到九龍市區的醫院，直升機便變成當時一種最有效、最快捷的運送工具。

八十年代初屯門公路完全開通，新界西北和市區連接的道路系統得到進一步改善，加上後來屯門醫院和上水的北區醫院相繼投入服務，我們亦沒有再接到這類型的運送工作。

鳥瞰長洲

　　空中救護服務也受到「潮流」影響。九十年代初，尤其在周末，我們
會從長洲醫院接到很多撤離「過度用藥」(Drug Overdose)病人的要求，
絕大多數患者都是 20 歲左右的青少年。當時迷幻藥被稱作軟性毒品，頗
容易接觸得到。那些青少年會在周末到長洲租度假屋舉行「迷幻派對」，
期間會吸食迷幻藥等毒品。

　　我們的出勤「旺季」通常在周末晚上，但事實上平日也經常收到這類
撤離要求。曾經處理一個案例，一名女孩服用過量藥物呈昏迷狀態，她
的朋友穿着一身完整的聖誕老人服裝陪伴着她。當我在直升機外跟「聖
誕老人」說話時，他非常亢奮，大聲地笑了起來，「HOHOHOHO」地扮
演着他的角色。顯然，他喝醉了。其實我從遠處已嗅得到他的酒精氣味，
最後我們拒絕讓他上機。這是為了飛行員、乘客及飛機的安全着想，因
為他已失去自制能力，萬一他在機上生出任何事故，實難以處理。

九十年代中期以後，因「過度用藥」而需要我們運送的過案漸漸消退。我猜想因為他們不再需要到長洲這偏遠地方「玩樂」，他們大可以在城中的 disco 甚或家中繼續「玩樂」。

　　踏入九十年代後期，我們收到「企圖自殺」的案件數字卻開始遠遠超過「過度用藥」的案件。大家可能都會記得「東堤小築」和「燒炭」等熱門名字。固然，一個人選擇了結自己的生命，必定有多個原因，但估計與 1997 年、1998 年發生的金融危機有很大關聯。通過觀察我們空中救護服務的演變，或多或少可以看到不同時期下的各種社會問題。

嘉利大廈大火

陳勇璇
一級空勤主任

1996 年 11 月份一個晴朗的日子，跟平常一樣，下午值班由 1 時開始。當天的能見度良好，我們可以從九龍灣飛行指揮及控制中心看到整個九龍半島和北港島。當天工作尚算輕鬆，平靜地度過了幾小時，心情都稍稍放鬆。

接近傍晚時分，從窗外一看，九龍半島地區突然出現了一股巨大的煙雲，「蘑菇」型似的直奔上半空。當大家正在猜測是否發生火災時，消防處控制中心的直線電話響起，要求我們派遣直升機往九龍佐敦一大廈投擲水彈及拯救被困人士。

待命的機組人員在警報響起後，第一時間到達飛行指揮及控制中心報到，包括機長 Mike Ellis、副機師 Johnny、拯救員 Ronald 和擔任絞車手的我。大家都憂心忡忡，對於在市中心投擲水彈都表示疑問。可是，事出突然，我們無法再作深入討論，便直衝停機坪，收拾有關裝備，立刻啟動黑鷹直升機 VR-HZK 準備出發。我們一致決定先往現場評估情況，如有需要便首先進行拯救行動。

記憶中我們當時沒有特別討論受火警影響大廈的名字及街道名稱等資料，因為根本不需要進行任何導航計劃，站在停機坪上已經清晰地看見煙霧的位置。起飛後不到 3 分鐘，已到達現場。

天台的生還者

人煙稠密的佐敦，大廈林立，在直升機上看到的就是一座處於彌敦道接近佐敦的建築物正在猛烈燃燒，大廈的窗戶和頂部都冒出黑煙，頂部幾層樓的窗戶亦可以看到明顯的火焰。

直升機在建築物周圍盤旋繞飛，發現屋頂天台及其旁邊的建築物都有障礙物。我們決定先開始尋找天台範圍，查看有沒有任何待救者。

可能當時起火不久，我們仍然可以清楚看到屋頂區域。在搜索過程中，天台出現四個人，當他們停在一個沒有煙霧覆蓋的位置時，我們決定直接移往他們的上方，進行空中吊運的救援行動，直接把他們吊起，離開火場。

天台滿佈天線桅杆，加上在無法確定周圍是否有任何容易被直升機氣流吹起的物件，我們只能小心翼翼，緩慢地移動，讓直升機懸停在待救者的上空。當直升機與待救者相距約 40 至 50 英尺的位置，我馬上感到空氣的溫度正在漸漸提升，在直升機懸停時，四周頓變灼熱。

原地吊運

Ronald 已準備就緒，直升機在距離天台約 20 至 30 英尺的上空開始拯救行動，拯救員從直升機被吊運到天台後將救生套套着待救者的上半身，然後再被吊回機艙內。但每次拯救員只能陪同一名待救者返回機艙，然後再回到天台拯救另一名人士。在爭分奪秒的瞬間，仍要小心翼翼地進行，把每個可能出錯的機會減至最低。

首兩次吊運都能順利進行，但在第三次吊運時，拯救員剛離開機艙踏在天台地面，整個機艙已迅速被煙霧覆蓋。我立時失去了拯救員的蹤影，更連自己握在鋼索上的手掌都看不到了，明明那不過是大約一隻手臂的距離。那是我第一次感受到何謂零能見度，心中不無震驚。

相信當時機長亦同時察覺到煙霧洶湧而至，但我覺得整架飛機仍然保持一貫的穩定，沒有跌蕩感。

濃煙中穩定機身

這判斷其後得以證明,煙霧在幾秒內消散了,但對我來說那幾秒異常漫長,而直升機的位置則沒有改變過,拯救員及待救者亦已經準備好作吊運。

當所有待救者到達機艙後,我們才注意到直升機再次被濃煙包圍,我們已失去了所有的參照物[1]。當時我們正在思索如何離開大廈天台,原來已有另一架直升機到場支援,並且在整個吊運過程中監察着,確保直升機的安全。

該直升機的機長 Andy Robinson 通過無線電給予我們 Voice Marshalling:「Clear move back and left(往後左面移動)」我們的直升機隨着移動了一段距離,終於可以重新看到機尾及周遭的環境,並可重新發出移動指令。

最後直升機離開了煙霧區並安全撤離。這是我擔任空勤主任一職以來,首次聽到由另一架直升機發出的 Voice Marshalling。之後,我們先將四位倖存者送返啟德總部,補充燃油及重整裝備,並留在總部待命。最後我們一組沒有再被派遣出動。

後來,工程部同事通知,剛才用過的直升機底部,發現外部塗層有多處因為之前所受的高熱而開始溶解!可以想像,如果我們沒有及時拯救及撤離天台上那幾位身犯險境的市民,他們必定凶多吉少。

在整個行動中,我們因應消防處現場主管的決定,並沒有投擲任何水彈。但如有需要,我們必先會作出全面評估才決定行動的方案。

---

1 直升機機師可以在低空懸停(hover)時把機身保持穩定,因為有目視參照物(hover reference)參考。機師以視線範圍見到的環境物件,亦即目視參照物的相對位置作評估,讓機身保持穩定懸停,好讓拯救員進行拯救行動。

回家後，看到新聞報道得悉原來發生火災的大廈名叫「嘉利」，是非常嚴重的五級大廈火災。大火奪去了多位市民及兩位消防員的性命，亦有眾多傷者，令我心情良久也不能平服。

　　這次任務是政府飛行服務隊成立至今，唯一一次在市區中心充滿濃煙和大火的大廈天台進行拯救行動。幸好當時經驗豐富的正副機長以冷靜的態度操作直升機，而拯救員 Ronald 對我表現出百分百的信任，否則，結果將難以想像。

嚴陣以待的護航任務

陳恩明
一級空勤主任

1991 年 4 月，我在皇家香港輔助空軍正式展開作為空勤員的職業生涯，從此便經歷一些不平凡的日子。或許因為皇家香港輔助空軍的神秘軍事背景和獨有的工作範疇，當時大部分香港人對這個組織的認識不多。

擔任這份公職，確實令我眼界大開。試想想，有甚麼工作可以讓你每日遨遊天際，鳥瞰香港的每一片陸地和海洋？不用花五分鐘時間，就可以由元朗飛到沙田，再過幾分鐘又能飛越淺水灣？這不是很奇妙嗎？

大家可能會被它眾多的服務範疇嚇到，從拯救任務到執法行動，及至支援其他政府部門的飛行工作，都是我們的份內事。直升機上的乘客不分貧富性別種族與地位，可以是一位心臟病病發、趕着送院急救的老婦，又或是趕着上山進行緊急維修的技術人員，也可以是追捕海上走私客的執法人員。

有時候，我們更會遇到一些身分特殊的乘客，例如末任港督彭定康、前行政長官曾蔭權、前英國首相馬卓安及其他高級國家官員。而我在個人的飛行生涯中，也遇到以下這一位紳士。

友善的貴賓

我對他的第一個印象是，1981 年在電視上看到他那童話般的盛大婚禮，那時我還只是個學生，對他的記憶不太深刻。誰想到，在 1994 年 11 月 5 日的深夜，他就坐在我的身旁，成為我的乘客。當時實在連自己都不敢相信，入職成為空勤員才一段短時間，這麼尊貴的一位英國王室人員，未來的英國王室繼承者就在咫尺。我不禁肅然起敬。當天，他乘

到訪香港的查理斯王子及本文作者（圖正中的二人）

坐商務客機抵港，我們的直升機奉命出動，停泊在客機的旁邊候命，護送他直飛到粉嶺別墅。

兩天後，我們接載他到新赤鱲角機場項目和相關的基建設施參觀，途中他再次跟我侃侃而談。他那親切友善的態度，跟我想像中高高在上的感覺截然不同。短短的飛行時間，我們的直升機便到達青衣，政府官員遂向他介紹項目的最新進展。

嚴謹的準備工夫

這麼多年來，他忙於穿梭世界各地，或曾遇上成千上萬的人，我不期望他會記起我，只是想透過這次 VVIP 飛行之旅，以委任機組人員的角度，跟大家分享一些趣事。

這次與別不同的飛行護送旅程，看似簡單而短暫，其實無論在飛機、機組人員、保安及後勤各方面的準備工作，都是遠遠超出大家所能想像

的，着實不可看輕。各有關部門都作出最高警戒，確保護送過程中的每分每秒都安全穩妥，不容有失。

在飛行日的前幾天，皇家香港輔助空軍的飛機工程師已開始檢查並好好準備當天提供服務的西科斯基 S76 型直升機，然後是機長進行飛行前檢查，最後由皇家香港警察的重點搜查隊進行安全搜查。三方分別徹底搜查後，直升機隨即被封鎖在機庫內。

我們的總部原本已位於禁區內，不可以隨便進入，加上該直升機「已被消毒」，只有極少數獲授權人士可以接近它。武裝警察亦全天候 24 小時看守着它。這個緊張場面，至今我還歷歷在目。

相關單位還要複核飛行人員的個人背景，確保「清白」。唯恐有人會對這位貴賓有任何不利。對於護航 VVIP，皇家香港輔助空軍有一套特別的禮儀和飛行程序。我們會對自己作出最高的要求，事前也有明確指引，例如怎樣向他們致敬，怎樣稱呼他們等。而且頭盔、飛行靴、飛行服、手套、耳機和其他機內設備都反覆檢查了一遍又一遍，確保一切都盡善盡美。

周密的危機管理

護航任務的當天，我們通常不會被派往執行其他飛行訓練或任務，只專注有關工作。機組人員簡報會亦會提前進行，以便大家有足夠時間應對突如其來的事情。行程將近，直升機隨後被拖到停機坪，駐守的警察把直升機交還給我們。他們完成任務，終於可以鬆一口氣了，而我們的正場任務才剛開始。

信不信由你，機器有時很會作弄人，這是預料之內的事，所以我們亦會為此作好準備。另一隊指定團隊和直升機早已安排作後備之用，萬一正選出現任何狀況，後備隊伍可立即補上，任何一分鐘都不容許被延誤。

護送貴賓時，執法人員在機上會手持武器，有所戒備

作者的飛行日誌上，以紅筆寫上這兩次的飛行護送事件

在停機坪的另一端，還有另一架直升機正準備起飛。為何後備組會先行？不是！那是救援直升機，機上設有完善的搜索及救援裝備，當主機上的乘客遇上任何困難，救援機可以提供即時協助。

在更高級別的護航任務中，我們還會應警務處要求，安排另一輛直升機在空中保護公路上的貴賓車隊，作全面戒備。

以上參與的都是一羣幕後精英，不得不使我敬佩。

珍貴的經驗

VVIP 飛行之旅快將開始，領空被暫時關閉，只容許皇家香港輔助空軍的主機和救援機在該領域航行。這不是為了防止未經授權的航空拍攝，也不是覺得必然會出現恐怖襲擊，只是希望能儘量減少任何突如其來的狀況或不明來歷的事物，以免影響行程。

最後，那兩次的飛行護送任務異常順利，我們的貴賓和他的隨行人員亦十分享受那次旅程。這是我的職業生涯中，第一次接載皇室人員，是很寶貴的經驗，亦為我的飛行日誌添上了精彩和重要的一頁，是十分珍貴的回憶。

颱風下的滑浪失蹤者

鄭家華
一級空勤主任

1999 年 9 月 16 日，颱風約克正面吹襲香港，懸掛 10 號風球。整個上午，風都在不停地狂吹，還下着暴雨。接近中午，當時風暴中心正橫過香港，有一段時間經歷了短暫的沉靜，但隨之而來的便是威力更強勁的南風。

當天我在下午 1 時至 10 時執勤，在這樣的天氣下，從家中回到機場總部，也不是一件容易的事。回到辦公室後，得悉早班同事在風暴中從澳門對開水域的一艘正在下沉的貨船上救起了 7 名船員，按過往經驗，類似的任務可能陸續有來。果然，才剛上班不久，搜索及救援的警報聲便響起。消防處要求我們出動去搜索在長洲東岸海面附近被大浪捲走失蹤的兩名滑浪人士。

強風中起行

是次救援隊由兩名機師和兩名空勤主任組成，我的崗位是拯救員。強烈的南風正以每小時超過 100 公里的速度吹過停機坪，當時，政府飛行服務隊只有 S76 型直升機有能力進行這項任務。但是要在如此環境下啟動直升機，其實非常危險。

在直升機旋翼達到全速旋轉速度之前，如果它們受到強烈陣風的衝擊，直升機有可能被自己的旋翼擊中，飛機可能會翻轉。[1] 由於風太大，

---

1 旋翼航行（Helicopter Blade Sailing）
當直升機啟動或停機期間，旋翼的轉速比較低，離心力不足，令旋翼容易被強風影響而上下擺動。當遇到風向不定的強陣風時，擺動幅度往往更大。

我們沒有把直升機拖到停機坪，只能停放在飛機庫旁邊的空地，嘗試啟動。飛機庫的高牆成了我們的屏障，有助擋住強風，我們成功啟動了直升機，可算是有驚無險。

接下來的任務，便是起飛。由於風力太強，飛機無法滑行至正常的起飛停機坪或跑道，必須直接原地垂直向上起飛。我們在飛機庫旁耐心地等待風速降低，及變得較為穩定，最終我們把握了一個最佳時機，成功起飛了。

從總部起飛直至到達現場，我們一隊人經歷了一段非常漫長而驚險的旅程。

當時來自南方的風力實在太強，直升機無辦法向前飛，只能一直順着風向橫着飛行。在風和日麗的日子裏只需 5 分鐘的飛行距離，當時就花費了大約 20 分鐘。這 20 分鐘是對機師的重大考驗。

搜索中的觸電感

長洲位於香港南部，面向大海，沒有地形屏蔽，海面的風浪比機場更大，天氣更加惡劣。強風和暴雨使飛行中的能見度降低到兩至三公里，實在影響我們搜索失蹤人士。

我們收到初步消息，兩名滑浪人士被大浪捲走失蹤。直升機在離海面約 200 英尺高度飛行，我們首先沿長洲東面的海岸線開始以目視的方式進行搜索，然後搜索範圍向外延伸至對出的海面。

經過一輪搜索，最終我們在海岸對出一公里左右的海面發現兩名男子，正握着一塊衝浪板，漂浮在海中。我們無法確認他們是否就是我們的目標，但他們顯然需要幫助。救援工作立即開始，我很快就被絞車的鋼索懸放到海面。當時海面非常大浪，每當我被海浪沖襲，都有輕微觸電的感覺，因為直升機在這種天氣條件下會產生靜電。我無法顧及那些

觸電感，很快便定下心神，專注在救人的行動上。

當我接近兩個滑浪者時，他們的臉上沒有顯得恐慌，反而一臉擔憂。波濤洶湧下實在大大增加了救人的難度，我要全力捉緊待救者，然後盡快把救生套圈在他們身上，否則他們隨時會被大浪沖走。經過一輪的風雨搏鬥，終於用救生套把兩人固定起來，並逐一將他們送上直升機。

我們的飛機立即返回總部，把他們放下。與此同時，收到來自飛行指揮及控制中心的無線電信息，表示同一地點還有一名滑浪男子失蹤。

那時候，隨着颱風慢慢移離香港，風力有點下降。我們立即為直升機加油，再次飛往同一地點搜索。暴雨仍然下個不停，能見度仍然很差。我們一隊繼續努力搜尋，但直至黃昏仍然未有發現。

入黑後，天氣仍然惡劣，直升機搜索亦因此暫停。

向救人的市民致敬

當晚返回總部之後，我知道了更多關於這次拯救的細節。實情是一名年輕男子在風眼正橫過香港而風平浪靜時出海滑浪，但於強風再次來臨時走避不及，被大浪捲走。至於我們從海中救起的兩名男子，正在尋找該名失蹤人士。我因而明白，當我把兩人從海中救起時，為何他們的面容看起來如此擔心。

搜救隊伍於次日清晨再出動尋找那個失蹤的年輕人，但是經過一番努力，仍然沒有好消息，幾天後他的屍體在長洲附近的海岸被發現。這次任務中，雖然我們未能拯救所有遇險人士，但仍然興幸能夠幫助兩名勇敢冒險出海救人的人，能把他們安全帶回家。他們捨身救人的精神，實在令我敬佩！

因為在拯救行動中多次被靜電觸擊，我的右手麻木了兩天，後來才漸漸回復過來。這次驚險經歷的片段都深深地印在我的記憶中。

喜靈洲戒毒所暴動

陳勇璇
一級空勤主任

2000 年 6 月 4 日晚上，用過晚餐後不久，警務處的控制中心經直線電話要求我們提供緊急支援服務，緊急運送一批警察機動部隊往喜靈洲南端直升機停機坪。最初的情報只知道喜靈洲戒毒所可能爆發暴動，但沒有進一步的細節。警察機動部隊已在粉嶺直升機停機坪準備就緒，等待我們到來。

直升機機長彭富國（現已身故）、副機師馮寶賢和我一起登上黑鷹直升機 B-HZJ，支援是次行動。

當直升機到達警察機動部隊總部時，一隊機動部隊人員已準備就緒，短時間完成上機後，便直飛往喜靈洲。整隊隊伍大約有十名機動部隊成員，配以輕便裝備，包括警棍、圓盾牌和少量催淚彈，沒有帶備重型武器。

我們詢問機動部隊人員有關行動的詳細信息，但他得到的資料跟我們的一樣。到達喜靈洲前，飛行指揮及控制中心通過無線電更新了進一步的信息：在喜靈洲爆發的騷亂仍然失控，着陸區可能會被囚犯佔領，降落時有可能會被囚犯襲擊。

一個「鼓勵」的信息提醒我們必須採取預防措施。我們把同樣的信息傳遞給機上的機動部隊，我仍然可以憶起，他們當時沒有表現出任何恐慌，但肯定在思索如何面對及解決這種情況。

直升機會被攻擊嗎

我們亦預算到可能的情況，如果囚犯已經手持武器佔領停機坪，匿

喜靈洲戒毒所（左小圖）和停機坪（右小圖）有一段距離

藏在停機坪附近某處，等待直升機及支援部隊着陸並準備攻擊，該怎麼辦？有沒有其他更安全的地方讓我們降落？

眾多疑問在我們的腦中盤旋，但實際上還不到幾分鐘，我們便會到達目的地。我們決定一旦到達，先於該地區周圍盤旋飛行，對着陸點進行初步評估。一旦決定降落，如果發生任何事情或任何人感到有危險，直升機會立即「復飛」，然後再採取相應措施。

黑鷹直升機可取之處就是，它是一架動力充裕的飛行器（本來是軍用直升機），機長亦重申飛機仍然有足夠動力，能夠隨時起降。

抵達喜靈洲後，我們確實看到一些煙霧和火焰從戒毒所的不同區域冒出來。在空中作初步評估，沒察覺有可能危及直升機的危險，因此我們決定於喜靈洲南端的停機坪降落。着陸前，我們再次提醒機動部隊人員，在着陸區周圍可能有囚犯，他們必須做好準備。

儘管這是一個黑暗的晚上，但戒毒所的燈火為我們提供了足夠照明，可以清楚看到停機坪。根據着陸計劃，飛機輕易而安全地降落。機動部隊人員有效率地迅速下機，直升機隨即起飛，並在上空作進一步監察。

一個奇怪的念頭突然浮現：機動部隊人員以前可能從未到過喜靈洲，從登陸地點到戒毒所還有很長的路。他們知道往哪個方向走嗎？再想想，只要他們朝着煙火和噪吵聲的方向進發，應該不成問題。

急需大量支援隊伍

運送了第一批機動部隊人員到場後，我們的緊急任務尚未完成。總部再下達指令，需要我們前往灣仔直升機坪接載另一批支援部隊往喜靈洲。直升機在灣仔降落後不久，懲教署的應變部隊便抵達，他們配備了更多的長短盾牌。

由於長盾的大小差不多有兩米高、半米以上闊，我們只能設法將它們全部放在最後兩排座位的空間上。單單擺放盾牌便用了八個座位，即有八位應變部隊成員未能上機。

儘管如此，應變部隊的領隊仍希望先行運送相關裝備往喜靈洲，因他被知會當時喜靈洲的情況相當嚴峻，急需支援。同時懲教署正在派遣更多緊急應變部隊從海路往喜靈洲。當機艙門一關上，沒有一刻，直升機便再次起飛，向喜靈洲進發。我甚至未能記起當時有否檢查他們已佩戴好安全帶。

由於我們已經向第一隊人員提及，直升機將在短時間內再運送支援隊伍回到降落地點，要求他們確保直升機能繼續安全降落。雖然如此，我們仍然保持高度警覺性，評估風險後才再次降落在同一個停機坪上。而第二批部隊人員亦順利到達喜靈洲。接着我們再往灣仔，接載第三批支援部隊。

當直升機燃油量不足以再接受任務時，我們便折返總部，但是我的任務尚未結束。在灣仔停機坪有更多的支援部隊正在等候運送。因此另一架黑鷹直升機由陳家陶機長及甄淑賢女機長在總部完成發動待命，等待我回航後再次出發。

我跳進 B-HZI 機艙後，將過去數小時發生的情況向兩位機長匯報一遍。可惜我們仍未能獲得任何更新的信息，只好繼續按照飛行計劃前往灣仔停機坪執行任務。

再一次抵達喜靈洲時，整個地區看起來未有太大改變，煙火仍然從戒毒中心冒出。還好當時已有一名警察在降落點看守，讓直升機能安全降落。直升機再返回灣仔停機坪，並順利將最後一批支援部隊運送到喜靈洲。完成任務後直升機便折返赤鱲角。這時才留意到已經過了子夜，加班工作後還是來一點夜宵，當作慰勞自己吧。

特區政府在事件翌日發出公報，
簡述事件經過。

遇難漁船消失了

石達青
一級直升機機師

2003 年 12 月 18 日早上，收到香港海上救援協調中心發出的訊息，要求政府飛行服務隊派出飛機，查證是否有一香港漁船在香港東南面 350 公里擱淺。當大家在地圖上畫出遇事船隻座標時，發覺它可能在東沙羣島 25 公里範圍內。

東沙羣島位於南中國海一個戰略位置，由三個珊瑚環礁構成，島嶼形狀如馬蹄。整個東沙環礁海域面積廣達 5,000 平方公里，環礁向外延伸 25 公里的附近海域屬淺水區，蘊含豐富海洋資源。

因為未能確定目標的確實位置，而直升機燃油有限，不能逗留現場太久。所以一般會派定翼機作先頭部隊進行搜索，通常有了確實目標後直升機才會出動，減少重複航程，浪費資源。

時間緊迫，定翼機由機長 Eric、副機師 Marcus、空勤主任 Joe 及觀察員馮達康先生負責，他們立刻作飛前簡報，並要求地勤同事即時為飛機加油，準備出發。與此同時，香港海上救援協調中心向有關方面申請許可，讓飛機可以進入東沙羣島 25 公里範圍及低於 5,000 英尺的禁飛區內進行救援工作。

遠程境外任務

當時我剛剛完成遠程搜救訓練，第一次可以飛出香港境外執行任務。我知道是次任務的航行距離已是超級美洲豹直升機的極限，加上很多任務上和天氣上的變數，估計風險指數不低，所以直升機副機師一職由經驗非常豐富的馬信康機長擔任，在有需要時對我作出適當的提示及指導。

定翼機得到了進入東沙羣島的許可後，不消一會便飛抵現場，更發現了懷疑求救的香港漁船。當時證實遇險漁船擱淺，卡在珊瑚環礁裏，但未有即時危險。

當我們準備派出直升機隊進行救援之際，漁船船主突然通知香港海上救援協調中心表示不需要幫助，可以自行脫險。當時大家都覺得很奇怪，想問個究竟，但基於安全理由，我們還是先打道回府。

數小時後，香港海上救援協調中心再發出另外一個訊息，要求我們重返現場，搜索先前發出求救訊號的香港漁船。這一回因為已經確定了目標及其座標，所以定翼機和直升機決定一起出發。

經過大約一小時的航程，定翼機再次到達先前的座標，觀察了好一會。島上異常平靜，沒有任何風吹草動。水清澈見底，珊瑚礁都能清晰看到，唯獨肇事漁船怎樣找也找不到。

「怎麼？不見了？」

機組人員不約而同發出同樣的疑問。此時，大家心裏不禁涼了一涼。

定翼機機組人員沒有放棄，決定在羣島外圍的方圓 40 公里內逐一查證所有漁船，而我的直升機則負責在近岸範圍作詳細搜索。我們誓要把肇事漁船找出來。那份信念及決心或許是來自作為拯救人員的一份使命感。

當時天氣不算大風大雨，但雲底和視野都很差，搜索非常不容易。這種漫長而毫無頭緒的搜索過程，正是拯救飛行員一定要面對和克服的困難。幸好，每位機組人員都牢牢地把持着心中那永不放棄的堅持。

燃油快耗盡

當大家都在惆悵之際，定翼機傳來了喜訊，他們終於發現了那艘漁船。

當時漁船向西北（香港）方向行駛，比先前位置向西北移大約 40 公里有多。海面浪高三至四米，船尾拖着長長的油漬，明顯船隻嚴重漏油和入水已有一段時間了。但直升機已經開始接近儀表飛行回港的最低燃料限制，時間緊迫，我們必需盡快完成拯救。否則大家都會有危險！

幸好當時我剛完成搜救訓練，技巧方面還是很純熟，加上絞車手 Kenny 的冷靜應對，五名沒有受傷的漁民很快被全數救起，安全飛返赤鱲角政府飛行服務隊總部。而那艘漁船最終只能被棄於公海。

回程中，我們問船主為甚麼他們離開了原來擱淺的位置。原來他們期望水漲時可以讓船離開東沙羣島，便可自行回港，可惜水漲後他們發覺船身實在破爛得太嚴重，不能再航行，所以不得不再次求救。

所有被救漁民安全回港

事後，畢總監向當時保安局局長報告此事，並嘉許所有機組人員那鍥而不捨的精神，令他感到十分驕傲。

這麼多年來，曾做過數不清的遠程拯救工作，更驚險萬分、驚心動魄的比比皆是。因為以上是我的第一次，那份緊張和滿足感，實在令我不能忘記。亦因為那份自豪，令我的信念能夠堅持至今，永不放棄。

命懸一線

陳嘉章
署理二級空勤主任

2008 年 9 月下旬，強颱風黑格比吹襲香港，中心最高風速達每小時 175 公里，為香港帶來非常嚴重的破壞。根據香港天文台的事後報告，它帶來的風暴潮是數十年來最嚴重的。

9 月 23 日，天文台在上午 10 時 25 分發出三號風球，黑格比位於香港東南方約 400 公里向西北移動，迅速接近香港，風力亦逐漸增強，預計當天晚上會發出更高風球。每當有颱風接近香港，政府飛行服務隊都會作出人手調配，確保颱風侵襲期間，有足夠人手應付所有突發及危急的情況。

當日我當颱風候命的下午班，夥拍一位絞車手及兩名機師，另外還有一組定翼機的機組人員。約下午 4 時，政府飛行服務隊接到廣東省海上搜救中心的一項拯救求助，有七名漁民在香港以東約 130 公里外的中國水域要求協助。

天氣報告指出，颱風正迅速增強及進一步接近香港，雖然我們知道漁民的情況相當緊急，但是也要先作全面評估，包括香港及現場天氣、日落時間，加上考慮如因天氣影響不能回航，轉飛其他地方的可能性、鑽油平台加油的可能性等等。除了要確保能安全到達現場，進行拯救工作，更要確保所有機組人員及被救者能夠安全回航。

因為定翼機有較高的速度及較長的續航力，能快速到達現場作長時間搜索及目標定位。所以當日我們先派定翼機作先頭部隊，也為隨後出發的直升機提供現場第一手的天氣資訊及作空中支援。直升機在速度較

慢及短續航力下，便主力直接飛抵目標位置作拯救，及盡快將傷者送到醫院救治。

　　直升機約下午 5 時半到達現場，距離日落時間不到 45 分鐘，我們發現該七名漁民擠在一艘約兩米乘兩米、沒有動力的舢舨上，在海上飄浮，當時的海浪高達 20 英尺。為避免直升機懸停的強大氣流影響舢舨的穩定性，甚至吹反舢舨，直升機需要懸停在一個較遠的位置。

驚慌的待救者

空勤主任在訓練中示範如何使用救生套

　　經過一輪現場環境審視，絞車手決定先利用鋼索將我下放至近水面高度，並嘗試慢慢移向舢舨。就在距離舢舨不到一米，冷不防一名漁民突然向我撲過來，我跟他便立刻一同掉進海裏。在水中他更用雙手牢牢抓着我不放。風高浪急，水中的能見度低，絞車手為免發生意外，未能即時收緊鋼索，把我們從水中拉起。

　　由於漁民沒有穿上救生衣，我必需先確保他能浮於水面，免致窒息。當時環境十分嘈雜及混亂，經過一輪安撫，好不容易才能說服他跟從我的指示，成功把救生套穿上，並一同吊回機艙。有了第一次的經驗，往後的第二、第三及第四名漁民的拯救工作變得比較順利。

　　正當我跟第五名漁民一同吊回機艙，距離機艙約有 10 英尺的時候，突然，一陣湍流擾亂了機師的操作及直升機懸停的穩定性，令我們在鋼索下猛烈前後搖晃，險象橫生，絞車手要立即暫停拉回鋼索。

主鋼索被卡住

我跟第五名漁民在直升機 10 英尺下的空中不斷盪鞦韆，海浪亦不停地翻湧，間歇地拍打我們的腳掌，風勢好不猛烈。那名漁民顯得異常緊張。因為前後擺動的幅度實在太大，突然間，絞車手發現鋼索被門邊卡住了，不能上落。

這種情形在我們的日常訓練中從沒有發生過，更遑論在真實的救援行動中。鋼索繫着兩條人命，直升機絕不可能就這樣飛回香港。絞車手立刻嘗試解決鋼索被卡住的問題，但不果。

已接近日落了，在狂風暴雨下進行夜間拯救會增加相當程度的風險。絞車手只好決定立即利用後備絞車進行拯救，他用手號示意我要進行主絞車及後備絞車交換的程序。

兩個絞車的位置

我知道時間相當緊迫，而且還有最後兩名漁民在海中等待救援，所以我毫不猶豫，立即行動。

轉換後備鋼索是一項緊急的程序，在日常的訓練中也會練習。但在這個爭分奪秒、風高浪急、不容有失的環境下做這回事，實在驚險萬分，別有一番感受。

高空墮海的危機

正當我和漁民剛好完成從主絞車轉換到後備絞車的時候，電光火石之間，主絞車的鋼索突然斷掉！幸好我們能及時換上後備絞車並吊回機艙，否則只會一同從離水面 40 多英尺的空中掉進波濤洶湧的海中，必死無疑。

時間實在太緊張，隊員決定在只有後備絞車可用的情況下，立刻拯救最後兩名漁民，最終能趕及在日落前順利完成整個救援工作。正當我們離場時，香港天文台已在傍晚六時改掛八號風球，天氣進一步惡化，直升機需趕在颱風圈到達之前回到香港。

機艙內，我看着七名死裏逃生的漁民，他們有的在互相擁抱；有的還驚魂未定，在顫抖着；有的感激我們能及時出現，向他們伸出援手。暴雨不斷拍打機窗。我凝視着斷了的主鋼索，心裏默默地想：如果剛才絞車手未有果斷下決定，或未能及時把後備鋼索傳給我，又或是我在轉換絞車時出了甚麼錯誤，現在會怎麼樣呢？我仍能和眾多漁民安全地坐在機艙內嗎？那一瞬間，我的腦袋一片空白。

在總部的同事、定翼機機組人員及民航處空管中心的協助下，最終將所有漁民及隊員迅速而安全地帶回香港赤鱲角總部，所有人都沒有明顯傷勢。

這次任務真是驚險萬分，死神就像與我們擦身而過，現在回想，猶有餘悸。

空中吊運二戰炸彈

莊永熙
署理二級空勤主任

2013 年 3 月 13 日，天陰有雨。我的工作崗位是早班定翼機空勤主任，聽罷早上簡報會，再檢查兩隻捷流 41 型定翼機後，心想應該是風平浪靜的一天。然而，世事往往就是如此出人意表。當天我做了一些不曾做過，不曾想像，看來也無機會再試的工作，真的連自己也意想不到。

上午 8 時 45 分，飛行指揮及控制中心接到警務處爆炸品處理課來電，指在香港島紫羅蘭山徑附近發現一枚二戰時遺下的美國製 M66 型 2,000 磅空投炸彈，由於其位置極其陡峭，附近亦滿佈密林，加上其體積及重量驚人，請求直升機幫助吊運。

收到信息後，腦海中第一時間想到：「嘩！真的可以吊運嗎？會有危險嗎？」再想想，還好，我當天的身分是定翼機機員，而且我在 2012 年才合資格成為直升機外吊掛空勤主任，直升機出勤經驗不算太豐富，這般困難又新奇的任務應該不會選擇我吧。但基於強烈的好奇心，自己還是跑去了解事情進展，看看有甚麼可以幫忙。

首次外吊掛炸彈

像這樣的特別要求，政府飛行服務隊是從來未辦過的。值日的行動經理 Dai 立刻找來直升機支援教官（專家）Ray，希望他能提供專業意見。Ray 是一位經驗豐富的外吊掛專家，他自薦到現場了解情況，視察四周環境，並為吊運工序作前期準備。

10 時 15 分，一架超級美洲豹直升機接載了兩名爆炸品處理課專家連同 Ray 一起抵達現場。炸彈位置在山腰，斜度達 40 至 50 度，周圍有

炸彈位置（箭咀示）

茂盛的樹木覆蓋，樹木都超過 15 英尺高。他們就在現場附近利用拯救鋼索把一個可承載 5,000 磅的直升機吊運專用繩網送到現場。

在總部除了等待 Ray 的消息外，大家也不是閒着的。當值空勤主任主管 Benny 正在安排人員去處理這「百年一遇」的任務。預算炸彈被成功吊起之後，會運往 6 公里外、位於渣甸山的爆炸品處理課總部，所以需要再找一位同事去該處充當降落點控制員（Landing Point Commander），最後委任了空勤主任 German 負責降落點控制。而我，很幸運地（或不幸？）被委任去吊運這個炸彈。

當時我的心情真的既開心又擔心。開心的是長官對我的信任，另一方面也擔心自己經驗不足，未能把任務做好。

吊運前的多種考慮

在有限的信息之下，我和機師開始預備這項吊運任務。第一個首先考慮的因素就是安全。我們首先要肯定這枚二戰炸彈已沒有任何潛在的

爆炸風險，必須在安全情況下我們才會決定吊運。第二個因素是吊運鋼索的長度。簡單來説，長度要足夠讓直升機可以在較高位置吊起貨物，避開附近的障礙物，但此做法的缺點是吊運索越長，越難看到地面情況，準繩度也較差。最後我們決定用 3 條 6 米的吊運索，即合共 18 米長。

最新消息是那個重 2,000 磅的炸彈內的所有炸藥已經被移除，確認沒有任何爆炸風險。現場估計該炸彈外部重 550 磅，會將其放進繩網準備吊走。

550 磅外吊掛貨物對超級美洲豹直升機來説並不算太重，但作為飛行員要擔心的反而是，每一件外吊掛貨物的飛行慣性都有所不同，而且事前難以估計吊運中途會出現甚麼狀況。直升機旋翼產生的氣流加上飛行時的氣流，會令外吊掛貨物旋轉和左右搖擺，對直升機本身、地面的性命和財產都有潛在危險。評估風險後，我們都認為目的地的飛行距離不遠，而且飛行路線不會飛越人煙稠密的地方，應該比較安全，所以決定出發。

所有準備功夫安排妥當了，下午 1 時 30 分，我們的直升機在總部吊着 3 條共 18 米長的吊運索起飛，大約 25 分鐘後抵達現場。

眾多觀眾下順利完成任務

在現場上空盤旋時，我們完全看不到炸彈的位置，反而最易看到的是為數不少的採訪車和記者已經在附近守候，似在等待我們吊起炸彈時那一刻，拍攝大量珍貴相片。他們在場，無形中增加了我們的壓力。我心中難免會想一旦發生任何意外，或者該炸彈在吊運時跌落民居，明天的報章頭條應該不難想像出來吧？但多年來的訓練及對隊員的信任，我很快就戰勝了這負面的想法。

直升機吊運前的最後準備工作

肇事現場在一個斜坡，大部分地方都被 15 至 20 英尺高的大樹覆蓋，用肉眼找尋的話，根本無可能找到炸彈的確實位置，我們透過無線電與 Ray 取得聯絡，在他的協助下（其實近似語音導航），我們終於確認炸彈的正確位置。

　　當直升機連同吊運索靠近炸彈時，我在機上要保證旋翼及機身不會觸碰到山坡，同時要將吊運索準確地交給地面的工作人員。當時，直升機垂直懸停，距離地面接近 70 英尺，我完全看不到大樹下的情況。

　　當確認吊運索的掛鈎已接上繩網，最緊張的時刻到了。要精準地引導直升機以垂直的方式把炸彈吊起來，如果稍有偏差，那外吊掛貨物就會像流星槌一樣將附近的東西掃毀，加上附近有大量的地面工作人員，流星槌會對他們直接構成極大的危險。幸好 Ray 在我們的直升機到場前已經着人移平了部分樹木，在機上看就像萬密叢中的一個小孔，我們就是靠着這個小孔，去確認飛機是否和炸彈成一垂直線。

　　我聚精會神地引導機長將直升機懸停在垂直位置，吊起炸彈的那一刻，時間好像停頓了一樣，我們都屏息靜氣，緊張非常。幸好，炸彈很順利地被吊起了。

　　出乎意料，炸彈的飛行慣性非常穩定。不到五分鐘的機程，我們已經到達爆炸品處理課總部，並平安地將它放在一片大平地上，在那邊的同事 German 還讚我處理得很好呢。

　　雖然那是數年前的一項運送任務，但是運送的「貨物」太獨特，實在令人難以忘懷。在二次大戰時期，香港被日軍侵佔，香港有油庫、船塢等軍事設施，啟德機場又停泊日軍戰機。盟軍的轟炸機便來港大舉空襲，香港島，尤其灣仔，死傷者眾。近兩年也分別在薄扶林道及灣仔市區等地有戰時炸彈出土，隨着基建日多，估計將來還有機會挖出更多炸彈，甚或要用同樣方法去處理相當份量的未爆炸彈。

大貨輪傾倒沉沒

袁家威
三級空勤主任

2013 年 8 月中，我成為一名合資格的拯救員才個多月，尚為一名新丁，便發生了個人救援生涯中第一個水中拯救事件。雖然事隔五年，但回顧起來，每個情景依然歷歷在目，一幕幕的畫面在腦中閃出，彷如昨日發生，我將永遠不能忘記。

8 月 14 日的清晨已經懸掛八號風球，香港正受到颱風尤特（Utor）的烈風影響，陣風高達每小時 110 公里。在上午 10 時 39 分，我們接報有一艘在香港註冊、長 190 米、闊 32 米、名為 Trans Summer 的 33,000 噸散裝貨輪在香港西南大約 80 公里被強風吹至傾倒，船身向左傾斜了一半，相信很快會沉沒，21 名船員將棄船逃生。

幾近完全翻側的大貨輪 Trans Summer

相同型號的大輪船

第一架救援直升機首先起飛，沿途我們見到海上到處都是白頭浪，飛機非常顛簸，平常很多漁船作業的海面，那時一艘都不見了。我們的直升機全速飛行，飛機原本最快可飛每小時 250 公里，但因為逆風飛行，當時的實際速度只有每小時約 140 公里，有近半的速度被風抵消了。

在海上載浮載沉

好不容易到達現場後，我們很快便發現水中有四人散落在船的周圍，載浮載沉，另外有三艘救生筏在漂浮，上面坐滿了人。當時海浪高達 50 英尺，海面佈滿了由貨輪流出的礦物原料和一些船的殘骸及雜物，救援的難度相當高。

貨輪沉沒，海面遺下殘骸與原料

我們決定首先救起在水中的四人，因為擔心他們繼續逗留在水中會出低體溫症，甚或沉沒在海裏。救生筏上的船員則暫較安全，可以留待另一架正趕往現場的直升機處理。

準備妥當，我立即從直升機吊下，接觸第一個在水中的船員，我捉緊他的手，他也緊緊地摟着我。可能因為他太害怕的原故，我被他摟得太緊，沒有空間工作，我只好大聲叫他鬆開，然後盡快用救生套套住他，為吊回直升機作準備。

可是他的救生衣非常厚，我只好用腳一面踩水，一面替他圈上救生套，花了很大力氣才能把他緊緊套住，吊回直升機內。有了第一回合的經驗，我換了一條較長的救生套，令我在第二回的吊運拯救中省了不少體力，也較第一回順利。

懸吊中猛烈搖晃

然而，事情總是沒那麼順利無阻。直升機突然遇到湍流和陣風，機身突然變得很不穩定。那時我正懸吊在半空，差不多接觸到第三名船員，鋼索瞬間擺動得十分厲害，搖動的幅度也不少。我深知飛機一定受到陣風影響，大家只好稍作等待，讓風浪稍為平定。

我的拍檔是一個十分有經驗的絞車手，那時他可以選擇把我放入水中來抵消鋼索的擺動幅度，但他沒有這樣做，怕貨輪的殘骸及雜物會打傷我。同時他也沒有勉強把鋼索收回，他深知這樣只會令擺動幅度變得更厲害，情況更糟，他只靠自己的手力對鋼索施加反作力，以停止鋼索的擺動，同時又指令直升機務必要盡快穩定下來。

過了一段時間（我都不知道多久，因為當時已失去了時間觀），終於停止擺動並且穩定下來，絞車手安全地送我到第三名船員身邊，我套住了他，最終也能把他救回。

這時候，我幾乎筋疲力盡，但想到最後一名船員仍然留在水中，我深深地吸了幾口大氣，又準備下去。看見海面波濤洶湧，那個船員在海中載浮載沉，雙手不停地揮動，心裏都為他焦急。

我提醒自己切忌心急，要沉着氣一擊即中地抓住他。

大浪仍不停地衝擊着，我們靜靜地等待，等待一個稍為平靜的時機。果然，一會兒後，海浪似乎有一息間平靜下來。我和絞車手互相點頭示意，他立刻吊放我下水去拯救第四名船員，經過一輪和大海搏鬥，終於，我們也順利地救起了他。

在整個團隊的努力下，我們花了比平常多三倍的時間，救起了四名在海中的船員。

在我們進行水中拯救的同時，第二架直升機從兩艘救生筏中合共救起了 15 名船員。最後還有兩個人在第三艘救生筏上，正當我準備去救他們的時候，我們看到一艘中國救援船正駛近。因此，我們便在上空盤旋戒備，直至最後兩名船員都上了救援船，才離開現場回到總部。

以生命拯救生命

能順利完成一項大型拯救工作，我感到十分興奮，同時亦感到我們肩負着重大的責任。試想想，在颱風暴雨或者災難來臨的時候，人們都會盡可能遠離它避開它，而我們卻偏偏反其道而行，接近它，甚至與它「共舞」，目的是救急扶危，拯救生命。

作為一個拯救者，冒生命危險拯救生命，我們都無畏無懼，因為我們堅信所有生命都是寶貴的。

我熱愛飛行和拯救工作，而政府飛行服務隊的工作正是兩者的結合，簡直就是為我而設。能夠加入這個大家庭，於我而言，像是夢想成真。雖然在入職的時候，已經知道這份工作有一定的危險性，但這麼有意義又獨一無二的工作，又怎能錯過？

我們透過大量艱辛的訓練來鍛鍊體格和技術，務求在面對危險時可以有效地化解危機，在訓練的過程中也可以跟其他同事建立良好的默契和合作性，當面對真正的救援工作時，才會事半功倍，順利完成任務。

能夠成為政府飛行服務隊其中一分子是我莫大的榮幸，我常常懷着不亢不卑的心，希望能夠奉獻自己的力量。俗語有云，養兵千日，用在一時，我們無法知道災難甚麼時間會來臨，但只要有用得着我們的地方，我們都會隨時候命。

爭分奪秒：
妙用全自動
體外心臟去顫機

陳恩明
一級空勤主任

2006 年 4 月 6 日，是一個炎熱的晴天。當天接近中午，我和幾位同事正在超級美洲豹直升機上進行搜救訓練。Patrick 是絞車手，我和 Jason 輪流擔任拯救員，而在前面駕駛艙的則是機長 Ardis 和副機師 Ellen。

根據我們慣常的做法，超級美洲豹直升機上一般會預先配備好一套緊急醫療系統（Emergency Medical System Kit，簡稱 EMS Kit）。這樣既可以縮短召喚的時間，亦能為有需要的傷病者提供適時協助。對於一些分秒必爭的嚴重病患者來說，這絕對是關鍵的安排。

胸口痛的遠足者

我們剛在南大嶼山開始訓練不久，便收到飛行指揮及控制中心傳來一項山嶺救援的緊急任務。一名 58 歲男子在南丫島遠足時突然感到胸口劇痛和呼吸困難（Short of Breath），需要直升機協助送院。這名病者暫時清醒，有意識，但手腳乏力，由同行的三位朋友攙扶着。

初步收到的信息並不算十分嚇人，不至有即時的生命危險。在日常的離島傷病者運送任務中也經常遇到類似個案，但我們也絕不掉以輕心。直升機很快便到達南丫島，在預報的地點發現了等待救援的人士。他看起來比較虛弱，半臥在草地上休息。

其實我們可以使用幾種方法把該名病人接上直升機。其一是把直升機懸停在事發現場的上空，用鋼索把拯救員放下，再使用合適器材，配合不同的吊運方法，把傷者直接吊上直升機。但這樣做有一定程度的危

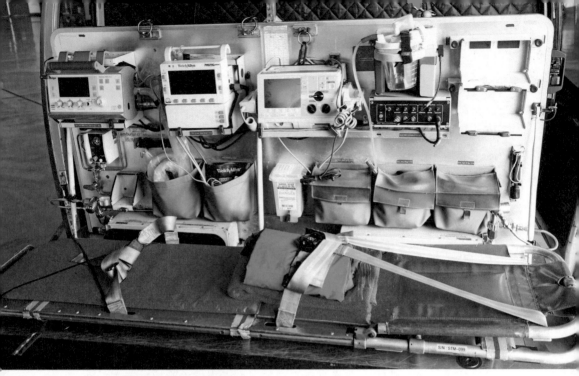

安裝在海豚直升機內的緊急醫療系統

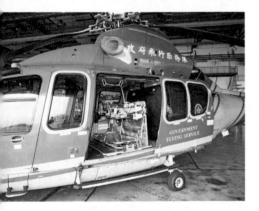

險性。從主旋翼發出的強大氣流可能對傷者及朋友或其他地面救援隊伍造成傷害。那裏地勢不是十分險要，經過仔細評估及周詳考慮後，我們決定在離他們大約 60 米遠的山頂上那一片較為平坦的空地降落，減低氣流的影響。旋翼保持運轉，我立即攜着輪椅和一些基本急救裝備，從機艙跑出去直接奔向病人。

他的手正牢牢地抓着胸前的衣服，告訴我自己呼吸困難，胸口隱隱作痛。我扶着他坐下，為他量度血壓。綜合從儀器上讀取的血含氧量（SpO2）及心跳讀數時，已發覺他不大對勁。我看到他一直在使勁地深呼吸，還不斷流汗。

專業知識和經驗告訴我，我不應留在現場繼續處理，病者需要盡快送醫院作針對性的治療。我遂用無線電向 Patrick 簡報了病者的初步

情況，讓他們先在機艙作準備。同時，好不容易地把他扶坐到輪椅上，沿着崎嶇不平的山路推回直升機旁。

隨即，Jason 和 Patrick 便一起把他拉進機艙，安置在擔架床上。我為他接上了醫療氧氣。一切準備就緒，直升機可以隨時離開，此時，機艙內卻發生了一些意想不到的事情。

瞬間失去呼吸脈搏

病者突然在擔架床上沉靜了下來，一動不動。這實在大為不妙。我們替他進行快速檢查，確定他既沒有呼吸，也沒有脈搏，生命危在旦夕。我們立即為他施行心肺復甦法，希望能把他從死神手中搶回來。

在施行心外壓的同時，我們不斷在想，還有甚麼可以做呢？大家都心急如焚……

當年，我們剛開始在直升機上引入全自動體外心臟去顫機（Automated External Defibrillator, AED）。對我們來説，這是一個非常新的設備，只有在醫院和部分大型機構使用，在一般社區上還未廣泛使用。而我們的在職訓練仍在分段進行中，只有少部分同事已獲取資格，懂得怎樣操作它，幸運地，Patrick 和我都已獲取有關資格。於是，我們立即將電極片貼在他的胸前，等待分析結果。

由於直升機的噪音很大，我們根本聽不到任何聲音指示。但是我們清楚看到閃

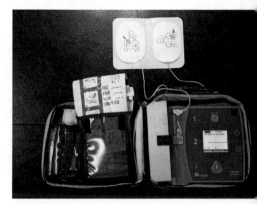

當天使用的 FR2+ 同型號心臟去顫機

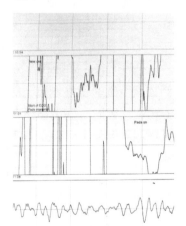

從病者的心電圖中可以清楚看到已沒有規律的心跳

爍的燈光正提示我們，病者需要立即進行電擊，否則會有生命危險。

　　Patrick 和我互瞄了對方一眼，毫不猶豫地按下按鈕。我們屏住呼吸，靜靜地等待除顫後的反應……不一會兒，他漸漸恢復知覺，睜開了眼睛，柔弱地問我們對他做了甚麼，為何他感到胸口有劇烈的痛楚。那刻我們才鬆一口氣，當時沒有向他解釋太多，只是繼續監察他的情況並予以安慰。直升機立即起飛，全速飛向東區醫院。

　　病者被確診患了急性心肌梗塞（Acute Myocardial Infarction, AMI），需要立即進行緊急心臟血管擴張手術，俗稱「通波仔」。幸好一切順利，留院數天後，便可以回家休養了。

Actual time	Elapsed time	Event
2006/4/6 PM 12:11:01	00:00:07	New use
2006/4/6 PM 12:11:01	00:00:07	Pads marginal
2006/4/6 PM 12:11:01	00:00:07	Start of ECG
2006/4/6 PM 12:11:11	00:00:17	Pads on
2006/4/6 PM 12:11:21	00:00:27	Shock advised
2006/4/6 PM 12:11:28	00:00:34	Armed
2006/4/6 PM 12:11:33	00:00:39	Shock initiated
2006/4/6 PM 12:11:33	00:00:39	Shock 1 delivered
2006/4/6 PM 12:11:34	00:00:40	Resume analysis
2006/4/6 PM 12:11:46	00:00:52	No shock advised
2006/4/6 PM 12:11:46	00:00:52	Disarmed
2006/4/6 PM 12:11:46	00:00:52	Monitoring
2006/4/6 PM 12:22:32	00:11:38	Pads off
2006/4/6 PM 12:22:34	00:11:40	Pads on
2006/4/6 PM 12:22:35	00:11:41	Pads off
2006/4/6 PM 12:22:36	00:11:42	Pads on
2006/4/6 PM 12:23:04	00:12:10	Device off

由心律分析到電擊、再分析可在一分鐘內完成

去顫機普及應用

　　近年來，AED 的應用越來越普及。可以在大型購物中心、電影院、圖書館、酒店、賽馬會場外投注處和其他公共場所找到它。越來越多人明白電擊比一般的心外壓能更有效應付，因突發性心律不整而導致的心跳停止。

　　一般而言，如能在一分鐘內給予電擊，急救成功率可高達 90%。我們當天所做的正好作為一例。相反，每延遲一分鐘，成功率將迅速遞減 7-10%。因此，病者能否存活是跟時間和死神的一場競賽。期望有更多人認識和學習使用 AED，幫助有需要人士。

　　那是我們第一次在直升機上使用 AED。多年來，我一直在想，如果當天病者不是剛巧在適當時間，正確地點，遇上了對的人，對的儀器，會有怎樣的結局？

Early Access　Early CPR　Early Defibrillation　Early Advanced Care

心臟去顫機在急救過程中扮演極為重要的角色，尤其在急救時候更為關鍵，足以救回性命。

颱風天鴿的破壞力

張智淵
三級空勤主任

　　相信大家都不會忘記 2017 年香港天文台發出八號風球的次數和頻率。

　　8 月 23 日，颱風天鴿襲港，天文台於清晨 5 時 20 分正式發出八號風球信號。所有紀律部隊必須確保有足夠人手候命，以應付任何可能出現的突發狀況，政府飛行服務隊也不例外。那天我的工作崗位是早班的值日官，約定了早班的同袍一同駕車上班，沿途已感受到天鴿的威力，狂風暴雨異常驚人。但是我仍抱有點僥倖的心態，因為我們稱這種天氣為 Aircrew Sunshine，所有日常飛行任務及訓練都會因天氣影響而取消，我們是真真正正進入「待命模式」。

颱風下的日常

　　話雖如此，身為專業的飛行人員，所有當值同事仍然需要預備隨時出勤。全體人員於上午 7 時 05 分穿着整齊制服於飛行指揮及控制中心進行簡報會，簡報後各人都要堅守崗位，確保機隊隨時候命！大概的分工包括：

➤ 機長對飛機進行每日起飛前的簡查，確保飛行程序手冊齊全

➤ 副機師要對飛機載重起飛性能進行初部計算

➤ 空勤主任要預先檢查和準備遠程搜救時所需要的工具，拯救員更會檢視一次自己需要使用的水上拯救裝備

➤ 還有賴一班可靠的工程部同事，他們令所有機隊都保持於整裝待發的狀態

當時身為值日官的我，除了在飛行指揮及控制中心安排上班同事的交通狀況，還必須適時更新颱風天鴿的動向，讓其他同事可以得到第一手資料，有助工作。9 時 10 分，天文台終於發出十號颶風信號。

20 分鐘後，香港海上救援協調中心緊急召喚的電話突然響起，我心裏一沉，接起電話來。原來，協調中心收到來自一艘遠洋貨船的緊急無線電船位示標訊號，但未能確認船隻是否遇險，中心希望我們派遣定翼機前往調查。

我按下遠程搜救的警鐘，所有當值人員馬上來到控制中心了解任務資訊。礙於當時赤鱲角機場的風勢頗大，天氣非常惡劣，要將準備出勤的飛機拖出機庫已經是非常危險的事，更不用說要起飛，任務被迫暫時擱置。但是我們要求香港海上救援協調中心密切留意，會否再接收到貨船的緊急求救訊號，並且要求經船公司嘗試聯絡該船隻。

近廿艘船等待救援

下午 1 時過後，中班的值日官預備換班之際，我收到通知，是好消息，證實那遠洋貨船是安全的，只是緊急訊號誤鳴。當我正想鬆一口氣，對方卻補充一句：「如果你們可以出動，請馬上通知，因為現時收到最少來自 18 艘船的求救訊號。」

我再次按動遠程搜救警鐘通知所有當值人員，協調中心補充剛才提到的船隻可分別歸類為沉沒了、快將沉沒、擱淺或失聯四種狀況，位置都集中在香港西南 27 公里的萬山羣島附近。我同時要求香港海上救援協調中心盡量收集現場天氣狀況，和確認遇險船隻的位置。

此刻，當值人員馬上預備詳細的飛行任務簡報，討論飛行路線、人手安排、工作崗位和風險評估等項目。這對境外搜救任務的成功與否十分重要，還能確保飛行安全。政府飛行服務隊於下午 1 時 45 分派遣兩架超級美洲豹直升機趕往現場。

擱淺斷開的船隻

　　當時我換上飛行衣，預備稍後可能需要出動的心情。不出所料 GFS 總部內再次響起遠程搜救警鐘，已到達現場的兩架超級美洲豹直升機匯報，現場形勢緊急，要求增援。

　　我放下值日官的身分，立即轉為拯救員，和剩下的機組人員在控制中心聽取任務簡報，然後立即登上超級美洲豹直升機，出發前往現場。雖然當時的風力隨天鴿登陸珠三角已經逐漸減弱，但機長仍不敢怠慢，小心翼翼地駕駛超級美洲豹直升機，在顛簸的湍流中破風前進。

　　經過約 15 分鐘的飛行時間，我們終於到達現場，眼見的情形實在令人難以置信，附近一帶到處都是擱淺的船隻、油污，有些已經沉沒或反轉了，用「滿目瘡痍」來形容是最貼切不過的。

把握搶救的黃金時間

　　遇上類似的天氣，大型船隻一般都會先在較安全的地區拋錨固定船

大批船員正等候求援

隻，避過颱風的影響，待天氣稍為改善再繼續行程，但是次天鴿的破壞
力實在十分驚人，又或者應該說大自然的力量實在不容輕視！在此避風
的船隻估計大多兇多吉少。

　　現場三架超級美洲豹直升機立即分工合作，首先在一艘擱淺了並嚴
重傾側的船上救起 12 位船員，然後回航赤鱲角總部加油。另一架直升機
派出拯救員到另一艘擱淺的船隻上，調查後相信船員未有即時危險，決
定先記下座標，稍後再回來協助他們，因為其他已沉沒或損壞的船隻上
的船員極可能已經墮海或受傷，情況更加危急。

　　稍後同袍找到一位水中生還者，並把他安全救起。另一邊廂我身處
的直升機亦不敢鬆懈繼續在茫茫大海中找尋一絲希望。過了不久，再次
傳來發現生還者於救生筏上待救，他們火速展開救援。同時，我的腦海
裏不斷預演在海上抓住生還者的手，套上救生套的標準程序。

下午 3 時 45 分左右，機內通訊傳來副機師的一句話：「Target in sight, two o'clock 60 units.〔發現目標，兩點鐘方向，60 個單位。（1 個單位約 2 至 3 米距離）〕我們發現海上有另一名生還者，絞車手和機長馬上預備吊運程序。我將自己和救生套連接上掛鈎，轉眼我已經在半空中，絞車手控制着吊機，鋼索隨着我的手部下降訊號不斷往下放，把我放到接近生還者身旁。還剩兩米的距離，我看到他仍嘗試揮手，我記得自己向他大喊：「再撐一會，別擔心，沒事了！」然後我降到水面用左手抓緊他，右手將救生套套上他的身上，再牢牢套緊，一切就緒我便豎起拇指，示意已預備好，絞車手馬上收回鋼索，把我和生還者一同吊返機艙內。

　　現實的行動就如我剛剛在腦海內預演的一幕，全無遺漏。

　　在機艙內我們替生還者作初步評估，讓他保暖，並從他口中得知他來自船隻「新科 11」，估計仍有其他船員待救。因此我們在現場繼續搜索，直至下午五時左右離場，歷時兩個多小時。

　　因為遇險船隻眾多，天鴿颱風搜救任務一直持續至 8 月 25 日，政府飛行服務隊救起的生還者達 51 人，飛機出動的架次、參與機組人員的人次都是歷年之冠。我能夠參與其中，除了過程驚險刺激，還感到無比榮幸。

　　我們證明了政府飛行服務隊是專業的搜救隊伍，除了幕前「英雄」，還有幕後統籌的飛行指揮及控制中心、當天毫無怨言地加班的工程部手足，還有剛入職不久的新一代空勤主任，在總部協助點算和統籌救助物資，給送回的生還者。雖然大家都疲於奔命，但絲毫不馬虎。這就如我們的座右銘一樣——隨時候命。

冰封山頂：
直升機結冰了

葉偉雄
高級直升機機師

　　重看個人 Facebook 上於 2016 年 1 月初發的舊帖，當時我對華南沿岸的奇怪天氣大惑不解：香港竟然在傳統旱季出現大霧天氣，還有達黃色警告級別的暴雨！香港的旱季即秋冬兩季，通常西北主導風會帶來涼爽的氣溫和偏低的相對濕度，因此過往許多山火都會在這種季節發生。然而我當時並不知道，有一種更奇怪的氣象奇觀，正緩緩地移近香港。

　　1 月中旬，許多外國氣象機構預測，中國北方將形成一個超級冷鋒，南下為華南沿岸地區帶來嚴寒天氣，有個別天氣預測甚至認為將會有降雪的機會。這極不尋常的天氣預測結果，在社交網絡和傳統媒體中廣泛流轉，引起討論。雖然香港冬天偶爾因南下的冷鋒帶來相對寒冷的天氣，但如果香港降雪將會是一個匪夷所思的奇跡。隨着香港天文台修訂了氣象預測，氣溫被下調到一個更接近其他亞太地區天氣預測單位發出的結果，令越來越多香港人引頸以待，期待這從未發生的奇景降臨這城市。有些市民在這極端天氣來臨前做足準備，但是亦有別的沒有作任何特別安排。

超級冷鋒襲港

　　超級冷鋒在 1 月 24 日黎明前終於抵達香港，氣溫在一夜之間隨着冰風和凍雨而急降了攝氏十多度。在那個寒冷的早上我被一個 WhatsApp 訊息吵醒了，同事傳來一張令人震驚的照片，我們的超級美洲豹直升機被一層晶瑩剔透的薄冰完全覆蓋！2002 年我在蘇格蘭北海鑽油台完成了飛行實習後，就再沒有見過機身結冰的情況，這種現象能在乾燥及溫和的華南地區發生實在令人難以置信。

原來這張直升機照片是早班同事剛完成一項拯救任務，返回政府飛行服務隊總部後拍攝的。

他們在海拔 3,100 英尺高的鳳凰山山頂上援救了一羣體溫過低的行山市民。整個任務是在地獄般的情況下進行——攝氏零下 6 度的氣溫和時速 90 公里的強北風夾着雨水撲面而來。冰冷的機身和外露的組件一旦和雨水接觸，雨水便立即在接觸面凝固成一層薄冰。看似漂亮但這實際是極危險的情況，因為薄冰依附着機身及組件，會對直升機帶來很多不利後果，例如

直升機上的薄冰

視野能力、引擎吸氣和排氣的流量、空氣資訊系統的準確度、機身重量、機翼產生的浮力和各控制介面的活動能力等都會受影響。

被困山頭

當日周末一個越野長跑比賽沿着麥理浩徑徹夜進行，在競賽環境下參賽者只穿着輕便單薄的運動服，沒有其他保暖衣物。由於沒有預料到會碰上這種極端程度的天氣，部分參賽者因無法應付寒冷天氣而決定半途退出離開。令人擔心的是，仍有些山上的參賽者被迫尋找沿途的廢棄設施作暫時的藏身之所，他們都被冰凍的雨水弄至渾身濕透，甚至滿身結霜。在沒有任何保暖衣物和食物供應下，漫長地盼望天氣會好轉和「救兵」的來臨。

他們在嚴寒天氣中支撐了幾個小時，飢寒交迫下變得筋疲力盡，體溫持續下降需要立即撤離及接受醫療護理。消防救援隊伍艱辛地沿着冰封的車道，緩緩地徒步前往山頂找尋那些身陷險境的參賽者。可是由於沒有足夠的冰上救援設備，救援隊員在路上都吃盡苦頭。

數以百計的市民爭相遊覽港九新界各高地，希望能親身體驗寒風的威力和見證冰封山嶺的罕見景象。不幸的是冰封了的路面因為變得極濕滑，為行走和駕駛帶來極高的風險及更多受傷的機會。通往大帽山及飛鵝山山頂的狹窄通道，亦因擠滿了車輛和羣眾造成嚴重交通擠塞，所有地面緊急服務隊伍都受到極大影響。

進行搜救任務的機組人員有很多事情需要關心和考慮，但當日執勤的機組人員還需要從記憶深處挖掘出「寒冷天氣飛行知識」。由於在溫度低於冰點的潮濕環境中運作，飛機結冰現象是不可避免的，所以機師在飛行過程中任何時刻都一定要把握機身結冰狀況。除了透過目測擋風玻璃和雨刷有否結冰外，也可觀察室外溫度計（OAT Gauge）、機身結冰感應器（Ice Detector）、氣壓資料（Barometric information）如高度和空速儀有否不可靠或不穩定的指示等，亦可監察引擎及主變速箱扭力輸出儀錶（Engine and Main Gear Box Torque Indicator），讓機師能了解飛機重量的變化，從而推斷機身各處的結冰量。

通常情況下飛行員都會盡量避免在這種危機四伏的狀態下操作，但那天我們為了執行任務偏要反其道而行，趕在黃金拯救時間耗盡前，把危在旦夕的生命撿回來。

替直升機尋找暖空氣

那天下午我和我的機組人員團隊亦執行了一個拯救任務，到大帽山山頂附近撤走一個低溫症在惡化的越野長跑參賽者。她接受了現場消防人員提供的基本治療，但因通路結冰和交通堵塞，無法透過陸上運輸方法送往醫院。她被固定在一張擔架床上，靜靜地等待逃出生天的機會。嚴寒天氣下的大帽山山嶺顯得分外肅殺，從機艙往外望一切都好像被凝住了。

結冰的擋風玻璃

　　我們先在山頂附近搜索，確定位置後，拯救員被送到現場地面，短短 20 多分鐘的過程中，一層薄冰已經在擋風玻璃和部分機身上形成了。當空勤主任在地面處理傷者時，有別於一般程序，當時已被冰封的直升機一定要暫時離開現場，目的是要飛往空氣溫度高於冰點的空域「取暖」，溶解機身上的冰塊。我們原先計劃從大帽山山頂下降到離現場不遠的葵涌一帶上空尋找暖空氣，可是最終要在維港上空，下降至 500 英尺才進入「正氣溫」環境。果然機身上的冰漸漸溶解，讓機組人員可短暫鬆一口氣。

最長的側飛

　　不久空勤主任透過無線電通訊通知一切準備就緒，可以回到機上。我們便馬上經西九龍上空朝大帽山進發，直升機從維港緩緩爬升，很快又重回「負氣溫」環境，機組人員再次頻密地監察結冰情況及討論應變選

項。沿途雨勢頗大，令直升機上全部的擋風玻璃很快就被薄冰覆蓋，變成像磨砂玻璃一樣無法看穿，在這種能見度下根本不能安全運作。幸運地駕駛艙兩旁的側窗因尚未接觸大量雨水，仍然保持清晰，我僅可以透過側窗目視前方的環境。於是餘下的航程只好運用直升機獨特的飛行本領：側飛。

側飛的速度不快，加上當日在強烈的逆風下進行，故花了很長時間才完成這短短數公里的航程，相信那一定是我個人時間和距離最長的側飛紀錄。當一位垂死的人正等待我們的直升機到來，的確令本已焦急的心情再加上額外的折磨。可幸的是最終順利地接走傷者，並送到東區尤德夫人那打素醫院接受治療。當天副機師在降落後步出直升機，創意地使用了一張機上的程序手冊（Checklist），在我們起飛返回總部之前將擋風玻璃上的冰清除。當天餘下的時間，再有多架 GFS 的直升機按救援要求出勤，撤走大帽山及飛鵝山山頂上多個地點的受傷和被困市民。

對於所有 GFS 的同事來說，那天是個不一樣的日子，我相信在多年之後，這天仍然會牢牢地留在我們的記憶之中。

冰封山頂：
拯救行動的難度

莫景揚
三級空勤主任

2016 年 1 月 24 日，早上約 7 時許，從我一踏入總部飛行指揮及控制中心的那一刻，要求緊急出動的鐘聲立時響起。

據報大嶼山鳳凰山山頂上有 4 名 18 歲年青人被困於山上，需要緊急撤離。該處的氣溫在冰點以下，風速超過每小時 90 公里。

我推門走出控制中心，沿着一道鐵樓梯往裝備室去。當時急步而走，一半原因是被召喚緊急出動，需抓緊時間，另一半是因為天氣實在太寒冷，不得不快點走進室內。

總部距離鳳凰山只有不足 5 分鐘的機程，登上直升機後，我們很快由水平面攀升至山頂海拔 3,000 英尺。沿着山脊飛行，4 個人 8 隻眼一起進行搜索，希望能盡快找到那 4 位年青人。放眼望去，滿地雪霜，不像是香港會看到的情景。

飛機結冰的危機

搜索期間，機師突然喊道：「視窗開始結霜，我們不能再攀升，而且風勢很大，影響飛機的穩定性。」簡單而直接的描述下，我知道情況不妙。香港近 60 年未曾出現此狀況，我們得小心翼翼，可以想像到如果飛機的主旋翼結冰，不能繼續旋轉，結果可能是機毀人亡。那時候我們變得像消防員摸黑進入火場般，希望能加快搜索行動，可是現實不容許。幸而最終，我們在白茫茫的山頂上看到那幾個「小雪人」。

擔當拯救員角色的我，從機艙被吊出的瞬間便感覺到烈風加上雪霜撲面而來的刺痛感。由於飛機不能停留太久，待救者亦不能再多待在這

山上的植物都結冰了

嚴寒環境，我顧不得自己，只想盡快將他們帶上飛機離開。幸好經檢查後，他們只是體溫偏低，沒有大礙。相信這四位年青人過了一生難忘的觀賞日出活動。

冰面上舉步維艱

回到總部，我正想喝一杯熱水暖暖身，緊急出動的鐘聲又再次響起。

據報在香港之巔大帽山山頂有大量人士被困山上，我們立即出動趕往現場。吸收了第一次出動的經驗，我們知道是次行動中，飛機有飛行高度限制，稍一攀升得太高，機身便會隨時結冰。於是，我們從山腰開始慢慢向上爬升，同時記下待救者的人數及位置。由於路面全都結了冰，沿途見到很多消防員及救護員都不能往前走，亦見到很多被困人士滑倒在地上。

在現場，大多數被困人士都身處直升機不能再強行爬升的界線上，甚至是更高的位置。加上當時大部分植物以及路面都結着薄冰，增加了救援的困難。地面濕滑得即使把我懸吊到較低的位置，我亦不能往上走，機師經過一番考量，把我放在一個相對較有利的位置。

當我落到地面，眼前的景象真令我大開眼界，讚嘆不已。大部分的花草樹木都披上冰衣裳，冰衣包裹着的是大自然的鮮花、彩葉、樹枝以及大樹。欣賞了這一刻的天然冰雕後，我拍一拍自己的腦袋，重新專注在拯救項目上，然後謹慎地嘗試向前走。地面實在非常濕滑，人都不能好好站穩，隨時一不小心便會整個人一直往山坡或懸崖峭壁滑下去。

當時我靠着針型的草冰雕刺着鞋底，才能碎步向前。突然，眼前只剩下一條結了冰的下坡道。心裏想應該不是問題，我剛去過韓國滑雪，滑雪技巧可以大派用場，只是使用滑板變成了只用雙腳而已。可惜結果不似如期，我像一條被丟在地上的生魚，幸好最後只撞上了路邊的石牆，然後我用雙手扶着石牆一步一步往下行。

待救者的低溫反應

10 多分鐘後，終於接觸到兩名待救者，他們年約 30 歲、正參加 100 公里行山賽事，但因天氣惡劣以及路面結冰而被迫滯留山上。其中一人已冷得無法說話，另外一人很疲累，加上處身嚴寒環境而雙腳抽筋。當時我想到最直接的拯救方式便是盡快將他們帶離現場。可是飛機不能在現場繼續停留，而且視窗已結冰，機身情況不能估計，於是機師決定先行降落附近的石崗機場，待視窗溶冰後再返回現場。

在等待直升機折返途中，我在照顧傷者，當時我可以做的不算太多，但最起碼能為他們保溫，盡量減低他們身體惡化的可能性。當刻我心裏只希望直升機能夠盡快折返，因為我自己的雙手都開始發僵了，可以想像到待救者的情況更為嚴重。

氣象站也鋪上冰塊

　　20 分鐘後，終於能將傷者送上直升機，我們亦需要再次到石崗機場溶冰，才能返回總部。還記得，途中傷者曾問我可否借手套給他保暖，可是我無法答應，因為我要保持雙手的溫度，才可以繼續之後的拯救工作，希望他能夠諒解。

陣雨令情況雪上加霜

　　飛抵總部後，第二架次的直升機隨即出發趕往現場。可是屋漏兼逢連夜雨，飛機到達現場，把拯救員放到地上後，控制中心的值日官看到氣象雷達圖顯示，有陣大雨急促迫近香港，拯救行動被迫立即暫停。

　　那麼已被放下的拯救員呢？他被迫在「凍上加凍」的情況下自行求生，同時亦需照顧傷者。幸好最後得知他與傷者躲到一座棄置的建築物內暫避。

經過兩小時的煎熬，直升機終於能夠再次飛抵現場。當時我擔當第三架次飛機的拯救員，傷者已被消防員救走，第二架次飛機的拯救員則自行返回機上。看到他進入機艙的那一刻，已可以感受到他那劫後餘生的景況，他已用盡所有氣力，凍得臉無血色，躺在機艙的地上不停顫抖。事後才得知在危難中他把自己的保暖大褸，讓給傷者。慶幸他回溫後亦無甚大礙。

是日的拯救行動我們共出動了 7 架次直升機，由早上 7 時至晚上 10 時結束。歷時 15 小時的拯救行動，終於把山上合共 35 名被困人士救出。

能夠加入政府飛行服務隊是我的光榮，一般人遇到危險，本能會立即逃離現場，我們卻反而要進入現場，將待救者拯救出來。

這份工作很有挑戰性，有很強的使命感，讓我能幫助別人，貢獻社會。進行拯救任務時隨時會遇到突發的挑戰，在萬千變化的環境之中，需有很強的解難和應變能力，作出適當、快捷而周詳的拯救方案。有時候，我們還得進行人性的判斷，在不同的情況下，究竟我們是要先自救？還是要以傷者為先？這從來沒有一套標準答案。不過可以肯定能夠將傷者安然無恙地帶回他們家人身邊，就是每一位拯救人員最大的快樂。

汶川大地震

霍偉豐
高級空勤主任

2008 年 5 月 12 日下午 2 時 28 分，四川省汶川縣發生強烈大地震，破壞地區超過 10 萬平方公里，傷亡慘重。

5 月 14 日上午，總機師 Trevor 要求我到他的辦公室，他問我如果我們要派遣一個小組到四川協助地震後的救援任務，我可不可以去？我毫不猶豫地回答「可以」。

Trevor 接着說：「你要明白，當地衛生和工作環境可能仍然很惡劣，災區位置非常偏遠，天氣及地形跟香港完全不同。再者，因為距離的問題，香港這邊亦不能夠提供太多支援給前往當地的小組。基本上小組要完全照顧自己。但如果成行的話，這將會是 GFS 甚至是皇家香港輔助空軍有史以來一個最有挑戰性的任務。」

聽畢他的話，我的答案仍然沒有改變。同時，Trevor 希望我考慮選擇一位空勤主任作為我的合作夥伴。從那個早晨開始，一個極具挑戰的任務正式開展。

第二天，總監正式指示要成立一支由兩名機師（Bowie 和 Ardis）、兩名空勤主任（我和 Philip），以及工程師 Jason 組成的四川應急小組。如果成行的話，我們另一位當時被借調到上海的同事 German 將會到四川跟我們會合。

我們的任務很「簡單」，為前往四川協助汶川大地震的救災工作做好準備，並且在接到有關當局通知後，可以在極短時間內出發，前往現場執行救災工作。

一個臨時任務準備室隨即建立起來。我們日以繼夜地盡可能收集各方面的有關資訊，包括災情、天氣狀況、地形特徵等，從而決定帶甚麼裝備前往四川。此外，我們知道將會跟中國交通部救撈局的拯救人員合作，一同使用他們的 EC225 型直升機執行任務。因此，我們亦跟他們開始接觸，建立有效的溝通渠道。

由於信息非常有限，我們必須為所有可能發生的事情做好準備。首先差不多所有器材都要有後備，包括衛星電話以及額外的全球定位系統等。而放有我們個人應用物品的背包亦已準備就緒，放在辦公室內，務求在收到通知後，可以在最短時間內出發。

兩天部署，隨即啟程

5 月 16 日傍晚，我們收到啟程的通知。當晚我們把所有已準備的器材安置到貨車上，準備翌日早上，乘坐最早的航班前往成都，然後通過公路轉移到「民航直升機抗震救災飛行指揮部」所在的四川廣漢機場[1]。

5 月 17 日早上，團隊和設備早已聚集在機場。我們只有兩天時間準備這次有史以來第一次的「境外」部署。由於我們沒有適合擺放所有鬆散設備的容器，只可以把它們全部裝在幾十個大型的瓦通紙箱內。可幸香港和成都的航空公司及機場都非常配合，運送期間沒有一件工具被丟失或受損。

特區政府駐成都經貿辦主管 Richard 和他的工作人員到成都機場迎接我們，一起前往廣漢機場。期間 Richard 向小組講解災區的最新情況，還提醒我們逗留期間必需要謹記的幾個名字和電話號碼，那些都是我們作第二階段部署的重要聯繫人物。

---

1 廣漢機場是中國民航大學的附屬機場。

廣漢機場的眾多民航直升機

親睹災區的頹垣

　　抵達廣漢機場後，我們見到超過 80 架來自全國各地，各式各樣的民航直升機，響應號召前往四川協助救災。民航直升機抗震救災飛行指揮部的負責人為我們作簡報，提供一些在當地運作所需的重要資訊，包括天氣、地形及空管狀況等。

　　之後，為了令我們可以盡快投入服務，我們被安排跟隨其中一架負責物資運送的直升機，前往災區考察。我和機師 Bowie 被分配到一架俄羅斯製 Mi17 直升機上，觀察他們怎樣運送物資到偏遠村莊。這架直升機比我們的超級美洲豹直升機還要大，機艙大約有 8 米長，2.5 米寬及2 米高，當時整個機艙裝滿幾百箱餅乾和瓶裝水，留下的空間只剛剛足夠我們二人及一位機員坐着的客艙地板。

　　從機場到那偏遠的村莊約需要一小時的飛行時間。離開機場才 15分鐘，便看到突然從平原變為一座座高山。山峰的平均高度約 6,000 至

9,000 英尺（香港大帽山的最高峰大概為 3,200 英尺），但當時雲底較低，我們只可以在 5,000 英尺左右飛行，沿着山與山的間隙和山谷飛往目的地，好像一隻蒼蠅飛入迷宮內左轉右轉一樣。

終於第一次親眼看到地震的破壞力。我們看到一座與香港馬鞍山般大的山體，它的三分之一都倒塌了，並滑向附近的河谷或村莊。受破壞的實際規模遠遠超出我們從香港的電視新聞所能看到的畫面。該區的大部分建築物都變成了一堆一堆的碎片，無法分辨它們原來的模樣，更無法估計碎片下是否仍有生命存在。

回到廣漢機場，我們與救撈局的工作人員及老朋友進行會議，決定翌日正式開始投入工作。

正式展開救災工作

我們首先在廣漢機場跑道旁設置了臨時辦公室。所謂辦公室只是在一個開放的小型飛機停機棚，放幾張座椅，用我們帶來的塑膠儲物箱當寫字枱，把所需的電腦及通訊器材接通電源，便成為我們的臨時辦公室及指揮中心。此辦公室可方便組員安排支援工作，亦能夠跟香港保持聯繫，滙報狀況。

準備從平原進入山區

全是倒塌得粉碎的建築物

工作人員在小型飛機停機棚休息

臨時工作枱

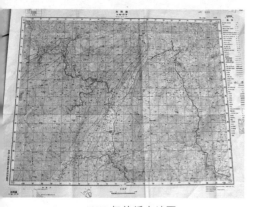

1978 年的紙本地圖

每天早上小組成員必須在 6 時 30 分到達廣漢機場報到。因為我們是現場所有民用直升機部隊中，擁有最強搜救能力的隊伍。除了救災之外，我們還負責為其他民用直升機提供搜救支援。因此，必須在其他隊伍開始飛行之前做好所有準備。每天進場時天色還是暗暗的，加上一些空氣污染的氣味，四川的清晨沒有想像中清新。

在跑道完成檢查以後，直升機隊便開始一天的運作。

每天早上空勤主任忙着檢查裝備，工程師則忙着檢查直升機，確保直升機在室外停泊了一個晚上後，仍然狀態良好，能再次起飛去執行一天的艱巨任務。當我們都在忙着，便會收到當天要完成的任務清單，可是信息通常很少，只有兩項——一個位置和它的任務性質。我們必須自行使用網上地圖檢查飛行路線和地形，因為手上唯一的傳統紙本地圖是在 1978 年製作的！

為了航行安全，我們必須在機艙內設置額外的手持 GPS，確保可以安全地在山區飛行，因為山區的天氣情況可能在會毫無預警下惡化，增加了飛行風險。5 月 31 日，那天能見度非常低，而且雲量很多，我們便決定終止一個物資運送的任務。同日，解放軍的一架直升機在距離我們預定目標位置約 15 公里遠的山上墜毀。

組員在地圖前研究任務位置和安排

　　我們跟救撈局的同事緊密合作，使用他們最新型的 EC225 直升機執行任務。任務期間，我們的機師 Ardis 及 Bowie 會跟救撈局的機師輪替擔當機長角色，而我同 Philip 會跟救撈局的空勤人員合作執行拯救任務。

　　當時，救撈局亦委派了另一位機師到機上擔任翻譯員。主要原因是當地的航空交通管理人員都只會說四川口音很重的普通話，我們最初很難理解他們的話。雖然機組人員是兩地配搭，但在汶川地震前我們曾為救撈局的機組人員提供了多年培訓，所以兩地人員的標準操作程序是基本相同的，合作上沒有遇到甚麼重大困難。

　　收集所有可用的信息及準備裝備後，我們第一個任務通常會在早上 8 時 30 分左右啟動。一個常規任務一般需要大約 3 個半小時。然後機組人員會返回基地休息。飛機將由我們的工程師簡單檢查一下，然後再次出發進行第二次任務。第二個任務會在下午 6 時前完成。由於直升機必須停泊在室外過夜，我們必須每日離場前鎖好飛機，把每一隻主旋翼綁好，以免受突如其來的惡劣天氣影響。

超級美洲豹上的附加燃油箱

是日收到的第一個任務是從山區某處倒塌的礦場撤離 10 名工人。礦場位置的高度在 5,000 英尺左右，比我們通常在香港執行山嶺拯救的位置要高得多。空氣密度會隨着高度上升而下降，降低了的空氣密度將會減低直升機主旋翼的效率，飛機的操控亦會受到影響。因此，我們在執行任務時必須非常小心謹慎。

第二階段部署：新增隊員「超級美洲豹」

由於災情規模巨大，即使在地震發生一周後，災區對搜索拯救和物資運送的需求仍然不斷增長。經過民航直升機抗震救災飛行指揮部與內地及香港特區政府其他有關部門進行了詳細討論後，決定由政府飛行服務隊派出一部超級美洲豹直升機及附加裝備，到四川協助救災工作。

臨時出入境櫃檯

在 24 小時以內，香港的工程人員已把飛機檢查妥當，由機師 Lawrence 和 Burnet 駕駛，把我們的超級美洲豹直升機 B-HRM 在 5 月 23 日飛到廣漢機場。總行程超過 1,350 公里。為了這趟旅程，超級美洲豹直升機必須在機艙內加裝兩個額外燃油箱，並且在桂林和貴陽加油，才可飛抵廣漢機場，約需 9 個多小時。

政府飛行服務隊的機組人員跟內地人員溝通

一架定翼機捷流 41 亦在同日帶同一系列配備和一組替換人員飛到廣漢機場，目的是讓我們可以在四川繼續運作多最少兩星期。因為廣漢機場是一個地方機場，沒有海關或出入境設施。地方當局特意為此設立一個臨時櫃檯，讓我們辦理所需的出入境及海關程序。

運送裝備及香港組員的捷流 41 定翼機

危險鋼索陣

除了天氣及陌生的地形外，在山區飛行及執行任務另有不少其他風險，其中之一就是在山谷中縱橫交錯的運輸鋼索及電纜！

由於該地區的山脈非常高，加上天氣狀況，我們常常無法飛到比山頂更高的高度前往目的地，此舉可以避過很多可能的障礙物，節省時間也減少危險。如今我們必須沿着山谷，在較低的高度飛行。但是由於每個山谷內都有很多採礦單位架設的運輸鋼索系統及電纜，這些鋼索和電纜卻未能在地圖上標示出來。直升機上亦沒有任何設備，可以有效地偵測這些障礙物。如果我們的直升機碰到這些鋼索，絕對是致命的！因此，每當我們在山區飛行，都必須保持高度警惕，保持全方位的目視監測，臨場應變。

電線非常幼（箭咀所示），只能在近距離看到。它們對直升機的操作有致命的危險。

曾經有一次任務，當我們正靠近倖存者，打算盡快救起他時，我們差點便碰到

一條電纜。幸好我的新拍檔 Kenny 在最後一刻看到，要求機師緊急爬升，避過電纜。否則我可能無法在此告訴你這個驚心的小故事。

在另一個任務中，我們必須飛到一個山谷底部，營救五名被困在水電站超過一周的工人。他們的一些同事在地震中因大規模山體滑坡而壓死，其餘同事則受傷，但因道路被山體滑坡阻擋，他們被困在山谷。幸好他們其中一位並無受傷，能夠徒步幾天到一個村莊求助。

水電站

我們找到了該水電站（圖上箭咀位置），問題是我們必須下降 1,000 多英尺才能到達，山谷卻被複雜的運輸鋼索和電纜網覆蓋，就像多層龐大的蜘蛛網。評估形勢後，我們選擇了一個比較少運輸鋼索和電纜網覆蓋的山坡，沿着山坡緩慢而謹慎地逐步下降。穿過第一層「蜘蛛網」後，我們停下來尋找下一組，然後慢慢飛到下一個「蜘蛛網」的最大開口處，逐步下降到較低層面，一層又一層地闖關，直至到達水電站。

與下降到目的地的難度相比，實際救援相對簡單。但是救起工人後，再從山谷底爬升回到飛行高度，又是另一項大挑戰。直升機已額外加了「重量」，除了鋼索和電纜的阻礙，我們還要留意直升機引擎的功率，再慢慢爬升，確保引擎可以負荷得來。在整個山谷救援行動中，我們亦曾跟一些鋼索非常靠近，甚至肉眼都可以看到鋼索上的紋理和鏽蝕！

近在眼眉的電纜

個人最難忘的經歷是在一座超過 7,000 英尺高的山上，進行地面搜索任務。那座大山是大帽山高度的兩倍。該任務是到一個伐木場尋找可能的倖存者。

作者（紅圈示）正進行地面搜索

到達該地區後，我們可以看到一些大規模的山體滑坡，山坡上有一些簡單的帳篷。看到帳篷周圍有毯子和日常用品，但看不到帳篷裏是否有人。我們猜想可能有人受傷，但不能出來尋求幫助。因此，我決定下去作徹底的地面搜索。我的拍檔 German 在山頂把我放到地面，然後我在陡斜的山坡上到每個帳篷裏逐一搜索。

直升機繼續在我的上方監視我的進度和安危。最後，沒有發現任何東西，之後我再爬到山頂，由絞車吊回直升機上。除了陡斜的地形及高度外，在搜索過程中沒有遇到很大的困難。

然而，當我向控制中心報告時，當地人要求我不要再這樣做，因為該地區可能會有兇猛動物出沒。食物和遇難者的屍體可能會吸引牠們前往。單獨進行地面搜索而沒有任何適當工具來保護自己是非常危險的。像我在香港這城市長大的人來説，這是一個全新視角，在香港即使我們有時需要獨自進行這類型任務，也從未考慮可能會發生這種危險。這對我是一個重大的警惕。

地震來了

逗留汶川期間，我們被安置在廣漢市的一家小型旅館。一天晚上，發生了一場小地震。我未曾經歷過地震，所以感受甚深。記得當我還在半夢半醒，聽到電話響起，房中的木製家具也發出吱吱的碰撞聲。電話

的另一端用四川話緊張地說了一大遍，但我甚麼都聽不懂。我想即使自己完全清醒，也不能聽懂。

我掛斷電話便繼續睡覺。接下來就是一次急劇的搖動，我在床上感到好像被人用力一推，便意識到發生了一些事情，一定是地震！

急忙穿上外套，按照預先確定的路線撤離到集合區。當我打開房門，走廊上已有很多住客正在撤離。下樓梯時，想起明天還要繼續任務，便沿着樓梯逆流而上，回房間拿我的飛行包。背包裹有我所有的飛行服裝和個人設備。途中仍然可以感到一陣陣的搖晃。

當我帶着飛行包走到集合點時，注意到大多數人都帶着一套毛氈和枕頭，我才意識到我們可能需要在外面度過幾個晚上。幸好這次地震只是一次小餘震，除了一些窗戶被震碎和一些小物件被震到地上之外，沒有造成更大的傷害。

集合點大概有一百多人，大家都來自五湖四海，是參與抗震救災的志願者或員工。當我們想知道下一步該做些甚麼時，旅館的其中一位工

臨時的六人睡房

作人員告訴我們，旅館必須關閉以便進行檢查，稍後會有巴士接載我們到附近的備用住宿地。

那是一個相當艱難的夜晚，天下着毛毛雨。我們在室外等了大概一個小時，幾架旅遊巴士把我們送到附近的一所中學。學校的草地足球場上架起了 20 多個藍色帳篷，每個大概是 4 米乘 3 米。這就是我們的新住處。

帳篷只提供一個非常簡單的遮蓋空間，但由於雨下了一段時間，地面非常濕滑，無法直接睡在草地上，我們不得不尋找墊子之類的東西放在睡袋下。經過一番搜索，最終在學校的後院找到一些大型廢棄木箱，我們就用這些木箱架起一張六人大床，再架起帳篷就成為我們的臨時睡房。我們在帳篷裏度過了三個晚上，直到安全檢查證實旅館可以再次入住。

運送物資

5 月底，大多數地震的傷亡人士都已被撤離，GFS 在四川的最後一次搜救任務則於 2008 年 5 月 31 日執行。隨後，我們收到越來越多的任務是把物資運送到偏遠地區，以支援地面部隊及災民。我們被告知許多解放軍士兵和災民在過去三周內沒有任何熱食，只有餅乾和水。

在當地大學生的幫助下，我們的飛機在一小時內便裝滿各種食物，包括雞蛋、米、蔬菜，甚至一整頭豬。由於災區還有

機艙內滿是應急物資

上千的救援人員及數以萬計的災民，他們對物資的需求非常大，但 5 月底開始，天氣變得越來越差，我們不得不好好利用每一次機會，盡可能把物資盡快送到災區。

機艙內的糧食

協助救災的人員都忙碌地工作

因此，一些慣常的安全措施只可以暫時擱置，例如我們未必可以固定機內的所有貨物。只要載重量仍在允許範圍內，我們就把貨物塞進艙內。其實我們亦不必過於擔心貨物在機艙內移動而導致飛機整體重心移位，因為機艙內基本上沒有任何多餘的空間。

轉眼 6 月，我們運送的物資從早前的日用品換成一些特殊物品，例如從崩塌了的銀行尋回錢箱，甚至運送稀有動物如金絲猴，以及處理那些堰塞湖（quake lake）[2] 的設備和人員。

感激的心

2008 年 6 月 4 日，GFS 在四川執行最後一個任務。然後，我們的超級美洲豹直升機和人員於 6 月 6 日離開廣漢機場回港。在 18 天的行動中，政府飛行服務隊在災區各處撤離了共 96 名傷者，運送了 119 名地面人員和 7.9 公噸物資到不同地點。這是政府飛行服務隊歷史上歷時最長的一次境外任務。

---

2 堰塞湖，又名地震湖，因地震、火山熔岩等自然災害所造成的山崩或土石流，堵塞河谷或河底，再經儲水而成的湖泊，地質狀況普遍不穩定。

我很幸運能夠參與其中，並逗留在任務區域內最長時間。説自己很「幸運」，因為對直升機搜救人員來説，在一個陌生和充滿挑戰的環境中工作所得到的經驗，對我的專業發展非常有益。另一個原因是我可以親眼看到我們中國文化的優良傳統，不論年輕人還是老人家，五湖四海、各行各業的人都為着救災無私地奉獻，實在令人深受感動。

搬運物資的長隊伍

　　仍然記得有一天晚上，當我們在街上的小攤吃晚飯時，兩位當地人走到我們的桌邊，問我們是否從香港來的拯救人員，我們説「是」，然後他們緊握我們的雙手，激動地説謝謝。他們眼中都充滿了感激的淚水。原來，他們的家人剛剛從山上被我們救出。他們知道救援人員由香港而來，大概因為聽到我們説廣東話，故來試試運氣。對我們來説，那是一個既驚訝又感動的時刻。

每次從災區完成任務回到廣漢機場後，機組及其他拯救人員都要接受衛生消毒

時任全國政協主席賈慶林到廣漢機場探訪政府飛行服務隊小組

簡單進餐又再開始工作

救災隊伍與後方的被救者

機艙內以家居用的地蓆舖設，以非常地道的方法去解決每次行動後的清潔問題。空勤主任在飛行時坐在木凳仔上，可以長時間在門邊監察周圍環境

飛行員的晴天

陳勇璇

一級空勤主任

2001 年的 6 月上旬，一股低壓槽一直影響着南中國海沿岸地區，情況已持續了好幾天。

6 月 9 日早上，香港大部分地區的天氣仍然不穩定，多處都下着傾盆大雨，特別是新界北部地區，包括屯門、元朗、上水、粉嶺等地。在這樣的天氣下，按英國皇家空軍傳統的說法，飛行員會打趣把當天命名為「Aircrew Sunshine（飛行員的晴天）」。

就在下午班開始值勤不久，消防處報告新界北部部分村落被洪水覆蓋，要求直升機前往北區撤離被困村民。

剛好當時香港部分地區的雨勢正在減弱，好像突然在天空開了一條特別通道，讓我們能夠往北區飛去。機師 Lawrence 連同副機師 Sam 及我隨即先行，立即啟動了黑鷹直升機 B-HZK，而我們的拯救員 Patrick 則需要更換乾式浮水衣和裝備，以應對水中的拯救行動。

拯救員穿上乾式浮水衣及配備水中拯救裝備

在水中拯救行動過程中，拯救員很容易因身體快速流失熱量而導致體溫過低，所以事前都會穿上乾式浮水衣。但穿上乾式浮水衣後，拯救員的手腕、腳踝及頸部均被膠帶緊緊包裹，雖然活動自如但感覺很不舒服。

暴雨中，直升機要 20 多分鐘才抵達，使用了比正常多近一倍飛行時間。穿越了數重雨帶後，終於到達了新界北區粉嶺一帶區域。我們從機艙往外望，平日看到的魚塘和農田完全消失了，淹沒在一大片汪洋中，景象有如新聞報道中提及的澤國。

從直升機目測，我們僅可以看到的地面標誌，就只是小部分的電纜桅杆或村屋頂層，凌散地冒出水面，估計洪水的高度已經有如兩層村屋般高。我們只能根據地圖知道直升機的大約位置，卻不能確定正身處某條街巷某座村屋的上空。直升機保持在距離水面約 150 英尺的高度懸停，開始搜尋等待救援的村民。

水中的「電蛇」

沒多久發現了一名村民正站在電纜桅杆旁邊，他的鞋子一半已浸在水中，從高處看，他卻好像可以打破物理定律，輕鬆地站在水面上一樣，我們不無驚訝。再看清楚，原來那名村民倚靠的桅杆頂部，有兩根電纜伸延往另外兩根約 10 米高外的桅杆頂上。我們謹慎地從唯一的安全路徑，避過直升機被電纜纏繞的危險，用吊運的方法把拯救員送往該名村民的位置作拯救。

直升機一直保持穩定的高度，拯救員已安全地扣在絞車上的鋼索，從機艙吊運到艙外，準備拯救受困村民。拯救員懸吊在半空，跟水面保持安全距離，然後直升機緩慢地移往目標方向。可是當我們接近該村民時，兩條明亮的「電蛇」從桅杆的頂部沿着電纜朝向另外兩端竄去，就如兩道閃電平面地在我們眼前快速閃過，整個過程不及一秒便過去。

我們還來不及反應，兩條「電蛇」已經消失了。大家都被嚇呆，只是瞬間都回復理智，明白眼前的狀況非常危急，必須盡快救出村民，離開現場。

直升機繼續向該村民方向移動，拯救員成功到達村民的身旁，他腳踏水面，竟然也能站起來！原來他的腳下有一幅圍牆，只是被泥黃色的雨水完完全全覆蓋了。該圍牆比較穩，能讓他暫時站定。幸好該村民沒有受傷，拯救員立即使用一組救生套，圈在村民身上，安全地把他吊運到直升機去。幸好他不須要接受任何醫療護理，所以我們繼續在災區尋找其他需要協助的村民。

被洪水困在屋頂的一家

過了一會兒，Lawrence 發現一羣村民正站在一個屋頂上，揮舞着衣服作訊號，尋求救助。當我們接近時，才發現是一個四人家庭，有三個成人和一個大約只有三至四歲的小孩。

由於他們身處的位置不適宜作吊運，拯救員先被放到另一個跟他們相連的村屋屋頂上，然後爬過鐵皮屋屋頂，再帶領所有人返回他着落的地點準備吊運。

拯救員用兩組救生套分別把兩名成年村民運回直升機上，而他繼續跟餘下的成人和小孩留在屋頂上等待第二次吊運。第二次吊運時，他把兩組救生套分別套在小孩的上身及腿上，由於小孩身體細小，實際上在整個吊運過程中拯救員都牢牢地緊抱着他。一方面擔心小孩會害怕，另一方面要確保救生套能圈緊小孩，不會在吊運途中生出意外。

小孩被送進了機艙並交回家人手中後，拯救員立即再次回到屋頂，把最後一名村民救到直升機上。雖然所有被救者都沒有受傷，但他們都全身濕透了。為了避免他們，特別是那小孩，得了低溫症，我們決定將他們先載往粉嶺的警察機動部隊總部，轉交消防處救護員作進一步護理。

當我們出發前往粉嶺警察總部時，另外兩架直升機已到達現場，繼續進行搜救行動。

拯救員正吊運小孩到機上

　　事後，查看政府針對是次大水災發出的新聞稿，事源北區有多處正進行防洪工程，導致去水困難，加上連日暴雨，洪水一發不可收拾。警務處、消防處、政府飛行服務隊及民眾安全服務隊都派員出動，共拯救了 113 名被洪水圍困的人士，13 人需送院治理，各人均無大礙。政府飛行服務隊曾將其中 32 名人士，包括 6 名兒童，空運到安全地方。在整個行動中，政府飛行服務隊曾派出 3 架直升機，出勤 5 次，全部的事主均在上水天平山、石湖新村及虎地坳的村屋屋頂或山坡獲救。

黑夜中的境外搜救

吳百恆
三級空勤主任

在個人的眾多救援行動當中，以下應該算是一個驚心動魄卻令人鼓舞的海上救援故事。雖然故事中主角的傷勢或許不是最危急和最迫切的，但若然當日再稍遲一點找到他所在的位置，可能他和家人的生活將會截然不同。對我來説，那也是一宗很值得回顧的拯救經歷，因為那是我第一次在南中國海上擔任晚間直升機拯救員的救援行動。

如果我們沒有出現

2018 年 1 月 8 日，一個秋涼且乾燥的晚上，經過一整天疲於奔命的山火灌救和不同的飛行訓練及任務，同事都疲憊不堪。當時我還未接受撲滅山火訓練，所以日間一般的救援及救護任務都由本人負責。

晚上 6 時左右，大家已經非常疲累，假日義務來協助的飛行醫生與護士正討論下班後到哪裏用膳。當大家正以一片輕鬆心情準備迎接放工一刻到來之際，飛行指揮及控制中心的電話突然響起，每人都噤若寒蟬般注視着值日官臉上神色凝重的表情。

他正通過電話向香港海上救援協調中心的人員了解事情，眾人立時收起剛才輕鬆的心情，進入警戒狀態。初步知道有船隻意外，有傷者，需要我們支援。並開始就所得的經緯坐標及船隻編號去推算肇事船隻大概的位置。我們一方面等待值日官努力向海事處人員索取更多資料，一方面正嘲笑着這值日官非常「黑仔」，接近下班時間才接到救援電話。

記得那天正副機師的組合是一位新加坡籍前空軍機長 Eugene 和一位對咖啡很講究的機師 Bruce，兩人的飛行經驗均非常豐富。絞車手是 Stanley，拯救員就是我。

Stanley 是一位經驗非常豐富的空勤主任，做事冷靜果斷，予人一種所有事情都在他控制之內的印象。他也是帶我入行的「師父」，因為空勤主任的基礎飛行訓練是採師徒制的，我們曾經共度兩個多月的艱辛訓練，使我們之間更添一份亦師亦友的默契。除了飛行員外，是次我們亦需要剛才討論到哪裏用膳的飛行醫生 Arthur 和護士 Leo 的精湛醫術，去協助處理傷者。

值日官與香港海上救援協調中心詳細溝通後，我們進一步知悉拯救行動的細節。這是一宗受傷船員的緊急撤離任務，傷者的位置於香港境外南面大概 40 公里的一艘名為 CHANG RONG 的貨輪上。當時我們收到的消息有限，只知道船艙內發生工業意外。

跟肇事船隻同型號的船隻

傷者是一名年約 40 多歲的中國籍男子，初步懷疑在船艙工作時被重物擊中胸口和頭部，即場暈倒及懷疑腦部受創。由於情況嚴峻，加上傷者已陷入昏迷狀態，船上沒有醫生為傷者急救，恐防有生命危險。眾機組人員迅速地計劃飛行路線和行動簡報後，便換上為遠程搜救而設的乾式浮水衣準備出動。

一般而言，當遇上遠程搜救行動時，機師和空勤主任需要先了解肇事位置，包括現場天氣、水流、風向、風速、船隻資訊包括船隻編號、船隻種類、船身顏色、無線電聯絡頻道、傷者人數及其傷勢等資料，來決定飛行路線、燃油量及可攜帶救援人員的數量及裝備等。

以超級美洲豹直升機為例，其最高載油量為 2,200 公升，最大搜救範圍的半徑是 340 公里，當直升機到達最大搜救範圍的半徑後便不能在現場逗留，需立即折返香港。

如果肇事位置位於香港境外 300 公里，以最高載油量計算，到達現場後可能只剩下少於 30 分鐘逗留時間，當然這並不包括天氣、風向及受航空管制等外來因素所影響的推算。因此，了解任務詳情、天氣資訊有助機組人員決定能否完成任務，有需要時更會計劃降落在南中國海上的鑽油台，為直升機加油來延長救援時間。在飛機出發前，值日官會謹慎地與香港海上救援協調中心確認鑽油台是否有足夠且合適的燃料，以免發生意外。

南海夜空，如斯燦爛

回想那次救援的經歷，當晚天氣並不理想，海上風速達到每小時 60 公里並帶着雨點，能見度約 10 公里，海面湧起觸及船頭甲板的浪花。我們一行 6 人乘坐超級美洲豹直升機，由銀礦灣經過長洲島嶼向南面境外進發，為了減少受天氣的影響，機長將飛行高度攀升至 3,000 英尺。

當晚在機上整理需要使用的急救用品和吊床等工具後，原來已經身在南海上。海上漆黑一片，偶爾會見到海面幾艘帶着微弱燈光的漁船經過。抬頭一看，赫然發現天空繁星密佈，在缺少光害的南海夜空下，沙數的星光猶如導航燈般展示着前方的路，在香江城市長大的我何曾欣賞過如此燦爛的星空，更何況能有此特權在直升機上感受此動人的星夜。

正當我沉醉於美麗夜空之際，頭盔內的聽筒傳來香港海上救援協調中心人員的聲音，大概是交代船上人員的情況以及傷者的位置。

大概半小時的航程，飛機已進入離肇事船隻 10 公里的範圍，聽筒內夾雜着機組人員的對話及船長透過無線電呼叫直升機的聲音，可是我們多番回覆，船長似乎都未能聽到直升機的回應。眾人均視察着海面上又紅又綠又白的燈光，查找哪一艘是肇事船隻。由於海面上有多艘相似的貨船，一時間機上眾人都顯得有點束手無策。

晚間跟白天的搜救行動完全是兩碼子的事，在清晰可見的白天，我們很容易便可透過船身顏色以及船頭名字、編號等識別目標船隻。

　　晚上則需要透過燈光去搜尋目標，情況就像山嶺搜救一樣，可是當眾多的船隻聚集一起時，要找出目標談何容易。正當我們耐心地在眾多貨輪的上空盤旋，試圖找出目標船隻之際，聰明的船長利用一支彷彿能劃破長空的雷射光柱 [1] 向天上照射，此舉成功讓我們迅速鎖定那艘被眾船圍堵的貨輪，並開始救援工作。

　　經過一輪擾攘，我們成功與船長聯繫，知悉受傷船員正身處近船頭下層的船艙內，仍然沒有知覺。衡量過對拯救員及傷者最有利的降落位置後，絞車手決定於船頭一處較為開放的甲板上放下我。

　　要選取合適位置和時間放下拯救員到船上，是一項需要天地人配合的「刁鑽」判斷。首先需要配合風向，儘量使機頭向着上風位，透過大自然力量令飛機有更大動力去懸停。其次要避開船上高架的障礙物，特別是那些幼細的鋼纜和天線，這極需要絞車手的細心觀察與機師穩定的駕駛技術互相配合。

　　此外，在放下拯救員時，擔任絞車手的空勤主任需要一方面審視船身的搖晃情況，尋找最佳時機將拯救員放下甲板；另一方面亦要向機師描述不斷變化的距離、拯救員的情況，並不時留意與船隻的安全距離，好讓正專注控制的機師對整個救援行動進展更瞭如指掌。故此，絞車手一職必須由經驗豐富、手眼口協調、處變不驚的資深空勤主任來擔任。

　　話題轉回來，雖然我以往多次進行晚間船上拯救的訓練，可是第一次進行夜間遠程拯救，還首次感受到大海那無際漆黑的可怕，坐在機艙門邊，感受着那高可及船的浪花和迎面撲來的風雨，心裏不由佩服以海為家的船員們。

1　使用雷射光線照射飛機，除了會影響機師或機組人員的駕駛外，更有可能釀成空難，讀者切勿向飛機直接照射雷射光線！以上例子只為突發及個別事件。

直升機已準備就緒，我收拾心情準備到甲板上拯救傷者，Stanley 在我準備就位時亦不忘提醒「到甲板上小心地滑，慢慢做，不用急」，聽罷師父的叮囑後我便緩緩降落到甲板上。

小心地滑，慢慢做，不用急

由漆黑一片的海面，逐漸接近船頭的甲板邊緣，船頭起伏至少一至兩米高。當時我一心只想在甲板上找個穩固的建築物固定自身安全，然後盡快脫勾，讓直升機離開。若然脫勾動作太慢，拯救員便有機會被船身的拋動和直升機的拖拉弄傷。有賴平日訓練有素，我順利地降落到甲板上，直升機亦隨之緩緩離開。船上當下只有我和大包小包的救援工具，環境燈火通明卻一片寂靜。

正當我和直升機試過無線電，並開始計劃從哪裏接近船艙時，船上兩名操流利普通話的船員趕至並示意我到下層船艙。相信船員都慣於「行走於風浪」，在搖晃的船面上當真走得如履平地，反之本人帶着吊床等救援用具，在濕滑狹窄的甲板上走得有點狼狽。

由於船艙內又黑又濕，燈光照明不足加上地上佈滿布碎和機油，走起來可謂寸步難行。正當我趕赴現場之際，一下突如其來的衝擊置於前額，刹那間我眼冒金星，頭盔上的照明燈亦被無情力撞至飛脫地上，好一會兒我才回過神來，發現原來正前方有一底橫樑大概只有眉心高度，所以碰個正着。

幸而得到頭盔的保護，否則定必當場血流披面，此經歷對我往後的救援起了警惕作用。

沒了心跳嗎

隨着船員的帶領，我到埗後火速視察現場環境，發現傷者躺在狹窄的船艙走廊上，身旁的船員正為他進行心外壓，我嘗試用略可溝通的

普通話詢問傷者狀況，並得悉船員於兩分鐘前發現傷者沒有心跳，所以對方毫不猶疑地為傷者進行了兩分鐘的心外壓。我按捺着焦急的心情，探手到已沒有反應的傷者頸動脈上，伸指一探時發覺強而有力的脈搏有規律地跳動着，再往傷者手腕上的橈動脈一探，同樣是強而有力的脈搏。

根據空勤主任的緊急院前護理治療訓練，一般而言，橈動脈代表病人血壓中的收縮壓最少有 80-90mmHg 以上，而此收縮壓亦足夠維持最低限度的血液循環，故此當務之急是保持傷者的氣道可暢通呼吸，維持良好氣體交換，避免腦細胞因缺氧而壞死。在確保傷者口腔內沒有異物後，我立刻為傷者放入口咽人工氣道，帶上頸椎的保護套，並撤離至更安全和開放的地方繼續處理傷者。

搬運傷者到甲板的過程花了一分鐘，在這短短一分鐘內，我已經向直升機滙報傷者情況，並要求飛行醫生和飛行護士到船上協助。說時遲，那時快，當我到達甲板的同時，直升機亦準備放下兩名醫護到船上。

Arthur 和 Leo 檢查傷者時，我可以安心地安裝吊床，準備運送傷者到直升機上。

傷者突然發難

初步檢查，發現先前懷疑頭部受撞擊的傷者瞳孔左右不對稱，右眼瞳孔對光反應慢，意味着可能因撞擊導致腦部創傷，其他身體部分則沒有明顯傷勢。由於懷疑腦內出血，情況危急，我加快手腳處理好吊床，把傷者脊椎固定，並準備運送傷者。

正當我透過無線電通知直升機一切準備就緒之際，原本躺臥着的傷者突然「甦醒」，雙手像發難般不斷向上推，在掙扎。當下本應已疏散到一旁的船員紛紛擁至，嘗試抱着受傷船員，有的振臂高呼，有的大聲叫喊傷者的暱稱，場面一度混亂。

我先通知機師船上情況，着力控制人羣及現場頗為失控的場面，縱使溝通上有一定困難，我們以最簡單的普通話指示船員退回船邊，讓飛行醫生作進一步檢查。傷者雖然看似「甦醒」，但觀察到他的眼睛受刺激時會不斷睜眼，加上混亂的精神狀態和發出奇怪聲音等反應，根據格拉斯哥昏迷指數（Gasglow Coma Scale）的推測，我們相信傷者大概因腦部受損而產生本能反應，並非真實的清醒過來。

　　醫生 Arthur 曾經考慮用藥去鎮靜胡亂掙扎的傷者，可是基於環境黑暗、船隻搖晃、針傷等因素，及鎮靜後會影響傷者自主呼吸功能等利害關係，我們最終使用三角繃帶控制傷者肢體伸展，免得在吊運途中因為傷者掙扎而發生意外。

　　一切處理妥當後，直升機在離海面約 80 英尺位置，將傷者和一眾拯救人員逐一吊回機艙內，為了解更多傷者的資料背景，我們亦把另一名與傷者相熟的船員一同帶往東區醫院。整個救援過程，由到達現場、找出肇事船隻、視察船上環境、拯救員到現場了解狀況、控制現場、召喚醫護人員即場急救傷者，到我們把傷者運送至醫院，大概用了一個小時。據了解傷者被我們送至東區醫院接受詳細檢查後，慶幸他已無大礙，能繼續正常生活。

　　俗語有云，救人一命勝造七級浮屠。對於我們一支以拯救別人生命為己任的紀律隊伍，能成為拯救生命的一分子是一件非常自豪的事。希望以上的分享，能讓市民大眾對我們香港前線救援工作有更深入的了解。

嚴重燒傷的漁民

張子軒

三級空勤主任

我是一名直升機拯救員,主要職責是在陸上或海上拯救傷病者。

直升機每次出勤作空中搜救任務,大多會面臨多項挑戰:天氣惡劣、能見度不佳、雲霧瀰漫、強風雷暴、傾盆大雨,還要應付險要的地形、陡峭的懸崖等。救難搶險的困難度可想而知。若執行海上搜救任務,便須面對海上萬變的天氣,不但是海面洶湧大浪、海風及陣風的風切變,還有形狀大小不一的船隻甲板。若有生還者掉進水裏,拯救員需被吊運至靠近水面救人,面對洶湧的海浪,甚或冰冷的海水。我們就是經常在危險的邊緣執行救人任務。

境外的燒傷者

2017 年 9 月 8 日,我的崗位是下午班的拯救員。晚上 7 時,收到香港海上救援協調中心的預警(Initial Alert),一艘漁船在香港以東大約 400 公里發生火警,漁船上有兩名船員燒傷,船長發出救援請求。

根據過往經驗,這一種救援絕對是非常危急而困難的拯救項目。首先救援地點不在香港境內範圍,飛行距離、飛行時間及油量消耗都是我們考慮的重點因素,而傷病者的情況則是任務中的另一重點。

皮膚是人體最大的器官,也是身體抵禦細菌入侵的最重要防線。所以燒傷對傷者的健康有着直接影響。當皮膚的正常功能受破壞,例如燒傷,皮膚的感覺功能、防止水分蒸發流失的能力,以致控制體溫的能力都會受損。另外大面積灼傷會產生嚴重的炎症反應,引致組織水腫,使血液濃縮而令總血容量減少。故此搶救大面積燒傷的病人要由靜脈輸入

大量液體，否則患者會因為脫水休克而陷入器官衰竭的狀態。而且書本告訴我，燒傷的死亡率和燒傷的面積成正比。

這絕對是一場與時間及死神的競賽。

收到救援請求預警後，機組人員立刻行動。我們準備出動一架超級美洲豹直升機及定翼機，作是次的境外遠程搜救，當中涉及兩位定翼機機師、一位定翼機空勤主任、兩位直升機機師、兩位直升機空勤主任（絞車手和作為拯救員的我）。集合後便立刻開始簡報會，確定遇事船隻和香港的距離、直升機所需的燃油，如需額外燃油，可到哪個鑽油台補給，還有其他救援物品，以及定翼機和直升機的合作安排。

大約 10 分鐘後我們收到香港海上救援協調中心的正式出動召喚。該肇事船隻位於香港以東約 380 公里以外的台灣空域，是次救援還涉及到領空問題。正當我們準備出發的時候，我們再收到進一步的消息，確認傷者人數共有 7 名。

到鑽油台加油

面對傷者人數突然增加，以及是次救援的緊急性，我們最後決定多派一位拯救員，希望縮短整個拯救行動的時間。在傷者的情況還未進一步惡化之前，盡快送往醫院接受治療。消息的改變，亦令整個救援計劃需再作調整，包括油耗、載客量、裝

是次拯救行動的航線

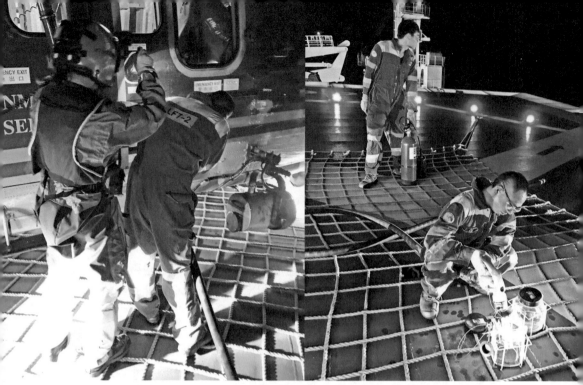

機組人員及鑽油台工作人員在加油前必需確保燃油不含任何水分

備等都是飛機有效載荷（Payload）的計算。肇事地點差不多是超級美洲豹可達的最遠範圍，較多的燃油可提供較長的在場時間（On scene time），但 Payload 會減少，即載客量會減少，所以我們決定先飛到大約 200 公里外的南中國海上鑽油台加油，補充足夠燃油後，再趕到 180 公里外的肇事地點。

全身薰黑，頭髮燒焦

飛行途中，我們收到作先頭部隊的定翼機通知，他們已確定待救人士的位置。肇事漁船已經沉沒，而七名受傷漁民已被救上另一艘漁船上。事發兩小時後，我們終於到達現場。我先用無線電跟船上人員聯絡，確定船隻的位置及傷者的情況，七名傷者都在船尾等待救援。從無線電聽到通訊員的語氣，他們顯得十分焦急，或許他們的情況比想像中更加嚴重。

我被絞車放到船上後，首要的任務就是對傷者作出初步評估，看看是否需要派另一位拯救員到船上協助。可能因為在晚間，眼看七名傷者的容貌，以為他們剛從火場逃出來，更讓我誤會他們不是本地人。當時六個傷者都全身薰黑，頭髮燒焦，我立即評估他們應該有八成皮膚燒傷。

當晚的鑽油台

他們全都清醒，清楚知道發生了甚麼事情，能站立，而且充滿強大的求生意志，這是我感到安慰的。他們緊緊地握着我，表示希望盡快能夠離開現場。根據他們的傷勢，很大機會呼吸道已被灼傷，延遲處理會有機會導致呼吸道腫脹，阻礙呼吸而最後窒息死亡。

我立即跟直升機聯絡，報告狀況，傷者都可以使用救生套，便安排兩名傷者一組地吊上直升機，最嚴重的一位則跟我一同回到直升機上。

兩所燒傷中心

然後我們便全速回航。在機上，我跟另外兩位空勤主任立刻使用大量的燒傷敷料替傷者初步治理皮膚，並進行第二次的傷勢評估及檢查。隨後我們便跟飛行指揮及控制中心聯絡，安排傷者到合適的醫院接受治療。原來七名嚴重燒傷的傷者已經對公營醫院帶來很大的衝擊。

因為香港只有兩所燒傷中心，分別是瑪麗醫院和威爾斯親王醫院。這兩所醫院都設有皮膚移植技術及設備，可為燒傷者作最佳診治，但兩所醫院都沒有設立直升機坪，我們不能把傷者直接運到。我們只好把他們送到灣仔直升機坪，再轉接乘救護車把傷者分流到兩所醫院。

最後我們剛好在不需要使用後備燃油前回到赤鱲角總部，安全順利地完成這次任務。在事故結束後，我嘗試從不同渠道跟進傷者的康復進度，但很可惜，大部分傷者分別地在事故後的數星期離世。心裏知道燒

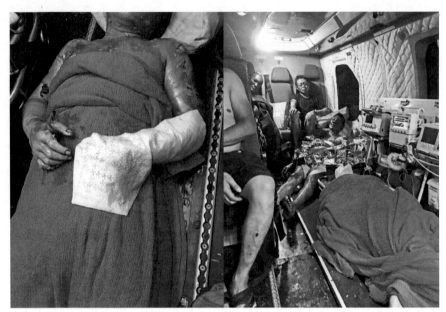

替嚴重燒傷者作院前護理

傷的死亡率和燒傷的面積成正比，但傷者不斷離世的消息卻使我久久不能接受。

　　或許這是一場勝算很低的硬仗，但我們的救援工作正是把他們的生命延長一點，去接受更適切的治療，去增取一個求生的機會。哪怕只是多一刻的時間，我都覺得值得為他們去做。我們救的不只是他們的生命，而是把傷者帶回他們的家人身邊。我們拯救的不只是七位傷者，而是拯救了七個家庭。

　　這也是我加入政府飛行服務隊四年來感受最深刻的拯救任務。

請保持冷靜

蔡澤民
三級空勤主任

　　2017 年 7 月 23 日早上，熱帶氣旋洛克集結在香港東南方約 150 公里的位置，天文台已於凌晨時分掛起了三號強風信號。當日我負責當飛行指揮及控制中心內的早班值日官。

　　上午 9 時半左右電話響起，我收到香港海上救援協調中心的要求出勤搜救一艘因起火而沉沒的內地貨船，位置在香港東面 70 公里，船上有 12 名船員棄船逃生墮海。接過電話後，我立即響起警鐘通知正在待命的機組人員和地勤人員集合。

　　當值經理考慮到生還者人數眾多，決定派出兩名拯救員參與拯救行動，有別於平時只有一名絞車手和一名拯救員的配搭，我應指示換上專門用作水中救援的乾式浮水衣登上直升機。與此同時，其他同事協助搬運額外的拯救器材上機，因為是次救援行動屬於遠程搜救，我們需要帶備更多器材，包括大型充氣救生筏、保暖氈、大型氧氣樽等等以備不時之需。一切準備妥當後，直升機隨即起飛前往事發地點。

肇事現場

　　前往現場途中時天氣不甚理想，湍流很大導致飛機顛簸不斷，海面湧起白頭浪，大雨一直下令能見度越來越低，雲層亦一直沉着下降。我們的超級美洲豹直升機是使用目視飛行的，會受到能見度和雲底的高度影響因此直升機必需下降到與雲底保持安全高度的位置以繼續航行，

可是途中我們會經過一些零碎的島嶼，低飛的直升機加上能見度欠佳，會有相當的危險性，所以機組人員必須加倍留意機外的環境和雷達的顯示以防萬一。

提早出發的定翼機飛行速度比直升機快，能夠較早到達現場開始搜索，若定翼機先找到生還者，能給直升機準確的坐標，讓我們直接飛抵該處。好處是能節省直升機搜索時的燃料消耗，增加直升機的拯救時間。前往現場的途中，我在腦海中模擬了一次拯救程序，想像水中拯救的標準動作，想像救起生還者後如何治療他們，此舉不但可以讓我冷靜下來使頭腦清晰，又可以確保需要的裝備齊全。

當我們越來越接近現場，雨勢開始減弱，但風勢仍然強勁。這時候我們也開始接近香港海上救援協調中心給我們的位置，所以便開始搜索。搜索途中我們發現很多懷疑屬於該艘貨船的雜物，其中夾雜紅色和橙色的救生衣在海面漂浮，可是細看之下並未發現有生還者跡象。內地的搜救直升機和搜救艦也先後到達現場，參與拯救行動，各直升機和搜救船之間使用海事頻道聯絡，避免有相撞的危險和重複搜索範圍。

羣聚的水中生還者

突然在耳機內傳來定翼機的通知，發現一件救生衣的消息，指示我們前往查看，於是直升機朝着坐標進發，到達目標地點時我們整隊機組人員震驚地發現，那不是一件救生衣，而是一羣在水中飄浮着待救的船員。

他們正用蜷縮姿勢（Huddle Position）圍成一圈，意思是大家穿着救生衣後在水中互相搭住膊頭聚在一起，並曲起雙腳，以減低身體熱能流失，增加生存機會。而且聚在一起的目標較大，比單獨漂浮更容易讓救援人員目測得到。我們發現生還者總數有 10 人，和報告的 12 人不符，但我們必需先開始拯救行動。

機長和絞車手正進行搜救簡報，我則整理適當的裝備準備作吊運，計劃以兩個救生套把生還者逐一救起。由於生還者浸在海水中已經有一段時間，即使是夏季也有機會出現低溫症，如果以一個救生套垂直吊起生還者，血液會急速流到腳下令其出現休克反應，嚴重的甚至會死亡。所以我們會用兩條救生套，一條套在腋下位置，一條套在膝部，使生還者以平坐的姿勢吊起維持血壓穩定。整理好裝備後我以第一拯救員的身分進行拯救行動，當我示意絞車手隨時準備好，他便用鋼索把我放下。

以蜷縮姿勢圍圈，減少體溫流失

求生意志造成混亂

越接近海面，越看得到各生還者掙扎求存的畫面。所有生還者都熱切期望先被救起，他們洶湧而上將我包圍，繼而捉緊我身上的救生套和吊鈎，有幾位更抓緊我的身軀，把我往水下壓，場面極為混亂。

我心想，完蛋了，難道我會被他們淹斃？

這時我使勁地踩水，再猛力推開他們以控制場面，直升機在頭頂震耳欲聾的聲響，令他們完全聽不到我的口令指示，我冷靜下來用手勢指示他們放開手。高低起伏的大浪拍打着我們，直升機吹起海水形成大雨，我留意到現場有一艘救生筏沉在生還者腳下，連接着一堆麻繩，再連接着一條浮着的木梯，加上有其他水泡、繩和垃圾，大大增加救援難度及危險性。

兩位拯救員（左一為本文作者）
回程時已筋疲力竭

我捉緊最接近我的一位生還者，替其套上救生套，可是另一個問題又來了，他們穿起了救生助浮衣，體型變得非常龐大，即使我已經使用大碼的救生套也難以穿過其身體，加上助浮衣上的繩在危急中綁得不穩固，繩尾隨着海浪亂打。若果我要把生還者安全吊起，就必需確保救生套圈在正確位置。

最壞的打算是如果救生套真的穿不過他，我就要潛入水中把救生套由腳部穿上，但是在如此惡劣的環境下實在難以實行。我在大浪中載浮載沉，再三嘗試，終於把救生套穿過其身體，但途中亦需要潛入水中看清楚放置位置，最後檢查清楚後，便立即用手勢示意絞車手把我和首名生還者拉回直升機，那時我已消耗了相當的體力。

接着，另一位拯救員接力進行水中救援。在水中的生還者開始知道我們要一個一個吊起，便有秩序起來，拯救行動也開始順利。我和另一位拯救員輪流下海，直至第六位生還者被救起時，絞車手注意到先前被救起的其中一位被救者出現低溫症和頭暈徵狀，機長決定即時把他送院治理。

回程途中我們送上毛氈讓生還者保暖，給他們食水補充水分，四位仍然在水中等待救援的生還者則由內地的直升機救起。原來，離羣的兩人漂流到遠處，最終被定翼機發現，由內地的搜救船救起，任務終於順利而圓滿地結束。

心頭點滴

空勤新鮮人

黃彬成
三級空勤空任

以前當我抬頭望向天空，看見政府飛行服務隊的直升機飛過時，猜想他們或許正在進行拯救任務，心裏總是充滿好奇和期盼。沒想到現在自己能夠成為其中一員，加入空勤主任這個行列，在直升機上俯瞰香港。在過去一年多的培訓和實踐中，除了加深對飛行的認識外，亦從救援工作當中，體會到救傷扶危的意義。作為新人，雖然未必有很多拯救經驗，但我希望藉此機會，分享一下剛剛入行的一些經歷。

在正式加入這個大家庭之前，我們必先經過歷時半年的遴選，當中的考核包括視力評估、體能測試、初次面試、筆試、游泳測試、最後面試及評估，完全是過五關斬六將。報考者除了要有良好視力和強健體魄外，也要不畏高和敢於接受挑戰，才能通過連串考核。與我同期入職的「新鮮人」都來自五湖四海，包括其他紀律部隊、老師、護士和行政人員等等，雖然大家背景不同，但都有着共同特質，就是熱愛運動和團隊工作。

充實的訓練課程

新人在正式「飛天」之前，必先接受一系列的訓練。包括基本飛行原理、急救學、無線電通訊操作、緊急逃生程序和應用救生筏，以及到新加坡接受航空生理學和水底逃生訓練。當中感受最深的一環，莫過於水底逃生訓練。這個訓練的目的是模擬機艙跌落水時的情景，機組人員必需實踐所學的逃生步驟，並且保持冷靜，才能成功離開機艙。另外，航空生理學這個課程的其中一個亮點，就是我們有機會到減壓艙裏體驗模擬萬尺高空的低氧環境，並同時要做一些數學運算，讓我們經歷身處在

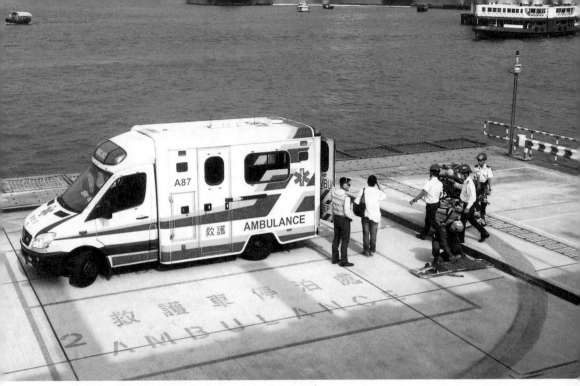

日常的傷病者運送任務

低氧時的身體反應和思考能力。

　　接着是空勤主任第一階段的飛行訓練，我們除了要熟讀行動訓令和香港地理外，更要熟習機艙操作、日常飛行和緊急應變程序。每次飛行訓練之前，我們要擬定一份飛行計劃表以及計算飛機整體的載重量和平衡，然後與機師一起進行飛行簡報，從而了解天氣狀況、任務目的、飛行路線、各人之分工、安全事項和風險評估等等。

　　當飛行時，在教官的指導下，我們要訓練出一心多用的能力，除了時刻留意無線電信息（包括機組人員的對話、飛行指揮及控制中心和航空管制塔之信息），亦需要同一時間監察飛機外的環境變化，以確保飛行安全。尤其是當聽到航空管制塔報告區域內有其他飛機時，我們須密切留意它們的位置，及保持安全的飛行距離。

　　另外，我們會協助機師觀察周圍有沒有其他障礙物，例如滑翔傘、風箏、電纜和近年非常流行的航拍器等，如有發現便會通知機組人員作出

直升機配合灣仔金紫荊廣場的升旗儀式

相應行動。假如進行的是傷病者運送任務，我們更需要同時監測病人的情況，如病情轉壞，我們要即時作出判斷，直接運送病人到東區醫院的停機坪。可見空勤主任的工作，能培養「周身刀，張張利」的技能。

轉眼間，完成了兩個多月的飛行訓練，通過考核後，便可正式執勤。例如接載政府人員到偏遠地方工作、協助其他紀律部隊人員進行訓練、空中測量及傷病者運送等。

此外，我們亦有機會參與一些特別任務，例如在國慶日或特區成立日，我們的直升機會配合灣仔金紫荊廣場的升旗儀式，懸掛國旗和區旗，在維港上空列隊飛過，這些經歷亦令我眼界大開。

拯救員的訓練

隨着飛行經驗漸漸加深，我們便進入另一階段的拯救員訓練，有機會參與搜救行動。拯救員訓練首先在總部最新配備的模擬機艙進行，我們需學習一套特定的手號，以配合絞車手的吊運操作，在直升機懸停時安全地進出機艙。亦要熟習各種急救用品的使用方法和不同創傷個案的處理程序，以便為傷者提供適切的緊急院前護理。

為了加強逼真性，我們會飛到荒郊野外訓練。除了陸上訓練，當然不能缺少在海上、船上和遠程的搜救訓練。最令我印象深刻的，莫過於在攝氏 12 度時下水，幸好我們配備了乾式浮水衣和保暖衣物，以防體溫過低。經過不同情景的嚴格訓練，通過考核，便能正式成為拯救員。

每次任務最有挑戰性的地方，是我們的拯救方法會受制於現場地理

我們會到香港境外，進行遠程搜救訓練（圖為南中國海其中一個鑽油台）

環境和天氣變化的影響。很多時候傷者的位置，往往都會在懸崖峭壁，或者擱淺了的船隻上，甚至是在怒海當中，因此在我們下降到傷者附近之前，機師和絞車手定必會做足風險評估，設定拯救方法和當飛機有緊急事故時的應變程序等，務求全機人員都能夠安全地完成任務。拯救員亦需要在有限的時間和資源下，第一身到達現場，盡快評估和穩定傷者的傷勢，同時決定撤運的方法。

懸崖下的傷者

對我來說，最深刻的一次拯救經驗，是在岸邊處理一名頭部創傷的人士。當日我們接報在「鬼手岩」（近黃竹角咀）有一名行山客失足跌傷頭部，同行有另外兩位友人。

我們的直升機很快到達現場，並沿着海岸線搜索。我們發現有兩位行山人士蹲在懸崖下的礁石上，似乎正在保護受傷的朋友。因傷者位置

在懸崖下方，我們的直升機未能靠得太近，地面部隊也因地勢崎嶇，尚未到達現場。

由於未能從遠處評估傷者受傷情況，經過商議後，決定把我吊到岸邊一塊稍為平坦的石上。我帶着擔架床和急救包，小心翼翼地在濕滑的礁石上爬過，到達傷者旁邊。當時傷者血流披面，並出現低溫徵狀，我立即為他止血、保暖和預備擔架床。由於礁石崎嶇不平，我們利用了周邊的碎石填補空隙，才能把擔架床平穩地放好。

可能是對講機被吹起的海水沾濕了，我和飛機失去了有效的通訊！只能以基本的手號，示意飛機可以吊運。最後，我們成功把傷者送到醫院。飛返總部後，我才發覺自己原來已經全身濕透，雖然疲累萬分，但能夠為傷者解困，已感到很滿足。

要成為一位稱職的空勤主任，我的路途仍很遙遠。但我深信，時刻保持積極和謙遜的心態，不斷裝備自己，努力學習和吸收前輩的寶貴經驗，必定能發揮所長，做到隨時候命。

三個畢生難忘的任務

霍偉豐
高級空勤主任

在日常訓練過程中，教官會盡量模擬在不同環境下的各種拯救情況，讓學員加以學習。但真實的任務總會出現不能模擬的極端環境，例如十號風球下的巨浪，還有很多現場的不確定性，包括傷者病情及嚴重程度等等。對拯救員「初哥」來說，這些因素加起來會構成很大壓力。絞車手「初哥」的情況亦相類似。

要克服這種心理壓力，我們都會建議「初哥」在前往意外現場的途中，在心中反覆「綵排」各種不同的情景，就如我們英文所講的「What if?」。如果參與行動的絞車手和拯救員都是「初哥」，機艙內的氣氛通常會比較緊張，因為各人都在心中反覆進行綵排，沒空理會其他隊員。而拯救老手就可在這時發揮作用，他們會在適當時候鼓勵「初哥」，提醒甚至安慰他們，使他們可以在最佳的心理狀態下執行任務。

首次遠程搜救任務

我的第一次遠程任務是一艘中國漁船上的水手得了減壓病（Decompression Sickness），需我們去拯救。當潛水員過快地從海裏浮上水面，血液中的氮氣因壓力突然變化而變成氣泡，氣泡困在關節裏便會引起劇痛。這不是一種常見疾病，但亦偶有發生。病者會感到強烈痛楚，通常彎曲身體時可紓緩一點痛楚，因此減壓病也被稱為「彎曲」（Bends）。

事實上那次任務並不困難，海況不算惡劣，目標船長約 50 英尺，是避風塘中可以見到的典型香港漁船。救援所需的技術亦在訓練中學過，包括如何在懸掛絞車鋼索時保持平衡，我與直升機之間保持無線電通信模式，為傷者提供所需的急救，並將傷者準備好，然後吊運到直升機上，這些步驟和技巧我都通曉。但是，當我們走到真實的境地時，除了上述情況之外，還需要處理船上那一大堆心急如焚的水手，組織他們協助我在這混合柴油和魚腥味的環境下迅速而俐落地完成工作，而不是阻礙或延誤時間。這些掌控場面的能力需要一點一滴憑經驗累積而來，對「初哥」還是有難度的。

成功把傷者吊上直升機後，我們必須盡可能以最低高度飛回香港。遠程任務的一般飛行高度約在 4,000 至 5,000 英尺之間，救援直升機必須爬升到最有利的風向高度，才能擁有更高的地面速度，節省更多燃料。但是，那次我們必須降低飛行高度，保持氣壓高度在 500 英尺以下，以免令傷者的情況進一步惡化。一個小時後終於把傷者從現場送到其時的京士柏 - 英國陸軍醫院（British Military Hospital, BMH）[1] 的停機坪，即現在的京士柏足球場。

九十年代初，無論傷病者是離島居民抑或來自南中國海的水手，他們都會被送到 BMH 的停機坪，然後由救護車轉送到鄰近的伊利沙伯醫院。

按現行的安全及噪音標準，在該地降落是完全不能接受的，因為停機坪位於九龍中部，周圍有大量建築物，人口非常稠密。1992 年的一個晚上便曾發生了一宗小事故，我們的一架西科斯基 S76 直升機在着陸前幾秒，因為其中一個發動機發生故障而要緊急着陸到球場上。

1　京士柏 - 英國陸軍醫院於 1967 年建成，取代舊英軍醫院。1996 年醫院正式關閉。

1987 年的陸軍醫院的原址（左圖紅圈），現已成為住宅（右圖紅圈）。箭咀標示為當時的直升機起落點

　　幸好，當時直升機已經飛過周圍的建築物並且非常接近球場位置，以至引擎故障後，機師葉 Sir（前皇家香港輔助空軍指揮官）仍可以繼續降落到草地上，沒有人員受傷，設備也沒有損壞。事後他們還要從京士柏坐的士回到位於九龍灣的總部，繼續當晚的工作。而發生故障的直升機就留待第二天，工程部的同事檢查修好，再飛回九龍灣總部。試想一下，如果直升機的發動機早 20 秒發生故障，結果將會完全不同。

第一次做絞車手

　　我的第一個絞車手任務是在獅子山上執行。那天凌晨，我們被要求到獅子山一帶進行一次搜索任務。一名十幾歲的女孩報告，往獅子山山頂途中與同行的男朋友失去聯絡。當時手提電話尚未流行，女孩害怕朋友出意外，所以報警求助。第一輪搜索任務的機師是已故的前民航處處長羅崇文先生（Norman Lo），他有十多年的皇家香港輔助空軍及民航機飛行經驗。那天晚上風很大，能見度低，搜索行動沒有結果。我們決定清晨再進行另一次搜索，同時，民眾安全服務隊及消防處則繼續進行地面搜查。

清晨五時半左右，天空還是黑黑的，我們便啟動飛機出發，預計在15分鐘後到達現場再次搜索失蹤者。

搜索重點是獅子山對下的一大片懸崖，那裏是地面部隊無法抵達的地方。到達現場不久，我們在直升機上目測，獅子頭正下方約200米處的一條石縫中，發現一個物體，看起來像是一雙腿。於是就把直升機飛近懸崖，確認石縫中有一個人「倒豎沖」般被困在左圖箭咀位置。

發現失蹤者在獅子山山頭的懸崖

評估情況後，Norman 認為在這種地形及強風下他沒有把握能夠靠近山崖，並進行救援工作，因此決定回到九龍灣總部重整拯救計劃。那時，剛上班的機師 Mike Wright 已經準備加入我們。

由於傷者在一個高約200米的大型懸崖底部，直升機上方的龐大主旋翼跟懸崖相距一段距離，令我們無法到達傷者的正上方，用絞車將拯救員送到傷者處。相反，我們可以在離傷者約50米遠的地方把拯救員放到地面，然後再由民安隊的攀山拯救中隊協助，爬過斜坡便可到達傷者處。其實該名傷者已經當場證實死亡，但是為了他的家人和其他救援人員的安全，我們決定用直升機把死者的屍體移離現場。

在吊運屍體期間，我們必須懸停在極其靠近懸崖的位置，主旋翼的尖端距離懸崖面僅幾英尺。我仍然記得，Mike 不像平常般，通過駕駛艙下方的窗口向下看，利用參照物[2]去維持一個穩定的懸停。相反，他仰望兩點鐘的位置，監察主旋翼的尖端和懸崖面之間的距離，確保主旋翼不會太靠近懸崖。死者最終被吊到直升機上，並送到 BMH 的停機坪。

<hr />

2　有關參照物的詳細解釋，可翻閱本書〈嘉利大廈大火〉一篇，頁119。

飛行途中，我們用一張白色的床單蓋着他那已經嚴重扭曲的身體。看着他的身體，我想像 24 小時前發生的事情，他正和女朋友一起度過愉快的時光，或許計劃遠足後和家人共進晚餐。但他永遠想不到最後的結果會是這樣……

一個令人心碎的下午

2006 年，我執行了一個自 1992 年入行以來最傷感的任務，現場環境和事發過程至今依然歷歷在目。一個平凡的夏季周末，多雲、炎熱、潮濕。話雖如此，那天仍然是帶孩子遠足的好日子。我猜想該次意外的受害人當日早上也有着同樣的想法。

我們本來正前往香港島執行搜索迷途行山者的任務，但是傾盆驟雨阻止我們前往。當我們正在喜靈洲附近上空盤旋，等待雨勢減弱時，收到飛行指揮及控制中心的無線電信息，要求立即前往荃灣大城石澗，搜索一家三口。他們被突然而來的洪水沖走，其中一人遇溺，但位置未能確定。

於是我們立即起行，全速前往大城石澗。從喜靈洲到事發現場，大概需要五、六分鐘。途中，我要重新整理裝備，準備落水救人。另一方面，絞車手 Ivan、機長 Burnet 及副機師利用手頭有限的資訊，初步擬定一個搜索計劃。因為自己有行大城石澗的經驗，從城門水塘起步，沿着石澗往大帽山方向前進，會去到一處叫「肥佬麥」的地方。

位於大帽山上的大城石澗

從該處再上，山勢會變得相當險要，所以大多數行山人士到達該地之後就會掉頭下山。因為傷者是一家三口，而非專業行山人士，我估計他們大概會在「肥佬麥」與城門水塘之間的位置。

抵達現場後，看到的大城石澗不再是平常那一條清澈寧靜的溪澗，它變得非常兇猛。流水非常急，整條溪澗都變成白色，而且水位非常高，顯然剛剛發生山洪暴發。我們的直升機下降到較低的高度，開始沿着湍急的石澗，從水塘向上游方向搜索。

離開「肥佬麥」不遠處，我們看到一位女士坐在石澗旁邊。她看起來又濕又累，但仍能向我們揮手。大約在距離她 10 米遠的地方，石澗的縫隙中，看到一條腿從水中伸出來！

在極短的時間內，機師 Burnet 和絞車手 Ivan 已把我和裝備用絞車下放到離受困者下游大概 10 米處，然後我就涉水，逆流而上，希望盡快把傷者救出水面。與此同時，直升機前往接載其他拯救人員到來協助。

石澗的流水非常湍急，我好不容易才接觸到被困者，我的第一個目標是抬起在縫隙的傷者，讓他可以再次呼吸。但他面朝天，而左腿夾在岩石之間，我只能從水中抬起他的上身，無法把他從石縫中救出來。當時水深及腰，沒有任何穩妥的立足點，如果我硬要把他從石縫中拉出來，兩個人都會被湍急的河水沖走。所以，我只可以等待增援到場，才進一步把他從石縫拉出。暫時，我只可以用左手手臂將他的上半身保持在水面上，右手則把喉罩氣道導管（Laryngeal Mask Airway, LMA）放進他的上氣道，並開始用袋式人工呼吸器（Bag Valve Mask, BVM）為他進行「人工呼吸」。

在過程中，我近距離看着他那已經開始混濁的瞳孔和完全無力、冰冷的身軀，加上河邊那位女士，四周湍急的流水以及隆隆的水聲，頓時感到自己非常孤獨無助。

大概 10 分鐘後，包括民安隊攀山拯救隊和消防員在內的增援都來到了，他們迅速用繩索把我和傷者固定起來，以便嘗試將他的腿從岩石縫中抽出，同時，現在條件亦容許我開始為傷者進行心肺復甦法。可惜他已返魂乏術。

　　如今我已經無辦法清楚記得往後的細節，但在整個拯救行動中，我不時留意那位沒有離開的女士。她筋疲力盡地坐在河邊，看着地面飲泣。後來才知道她是死者的妻子。洪水暴發前，他們兩夫婦帶着十來歲的兒子在石澗中徒步遠足。突然而來的洪水沖走了父親和兒子。幸運地兒子能夠爬回岸上，但父親則被困在石澗的岩石中淹死。

　　由於該地區的流動電話網絡很差，年輕的兒子不得不跑下山打 999 求救。而妻子因不會游泳，只能在旁邊等待救援。我無法想像當時那位妻子在岸邊等待救援時有多難受，我亦不敢去想像。

　　作為拯救人員，爭分奪秒地執行任務，不單是為了搶救寶貴的生命，某程度上，亦可能會幫助減低受害者親人或朋友在事件中所受到的精神創傷。

衝上雲霄

王俊邦
高級直升機機師

　　從小就對飛機很有興趣，夢想成為機師，在無邊的天際翱翔，但昔日機師的行業都是外國人的天下。我在公開試後考上理工學院（香港理工大學的前身）修讀飛機工程，並於 1985 年畢業。隨後不久，便加入皇家香港輔助空軍的維修部門，成為一名航空技術員。

　　第一天上班，被安排跟隨一位師傅，為法國海豚直升機（Aerospatiale Dauphin 365C1——第一代的海豚直升機，當年香港政府翻譯為太子直升機）的兩台發動機（Engine）更換燃料過濾器（Fuel Filter）。大部分直升機的發動機都是並排的，從機尾的方向往前看，左邊的一台稱為第一發動機，右邊的則為第二發動機。兩台發動機之間有一道鈦合金（Titanium Alloy）牆分隔。由於燃料過濾器位處發動機右前方的底部，師傅叫我先更換第二發動機的過濾器，讓我了解其位置及更換的程序。

首天的重大得着

　　雖然過濾器、螺絲及固定鋼絲（Locking Wire）位處底部並均為倒置，但更換過程尚算順利，在短短 10 分鐘內便完成。然而，在更換第一發動機的過濾器時，事情就變得複雜了。同一位置，卻因為那道鈦合金牆阻擋了視線，叫人無法看見。只能透過剛才更換的經驗，憑空想像其位置及更換的程序。別忘記，過濾器、螺絲及固定鋼絲均為倒置的。我花了大半個早上，也未能將固定鋼絲鎖在螺絲上，最後師傅出手，用了不到五分鐘就完成了。當時我真的無地自容，從前認為讀書多、知識廣就行了，哪知道第一天就學到功課。往後的日子，不停地做、不停地學，為當時部門內的三架法國太子直升機及定翼機機隊，包括兩架老虎狗

泰坦 404 定翼機

島民定翼機

八十年代中的法國海豚直升機

訓練機（Bulldog）、一架島民定翼機
（Islander）及一架泰坦 404 定翼機（Titan
404）提供維修服務。

由地勤轉為機師

1987 年，透過全港首個飛行獎學金
比賽，我實現了兒時的夢想！最終用了大
半年工餘時間學習飛行，拿到私人機師執
照。

及後報考不同機構的見習機師職位，
幾經波折，在 1990 年被部門取錄，成為
皇家香港輔助空軍本地化計劃下，八名首
批見習機師中的其中一人，以飛行為終生
事業。

作者（左二）考獲私人機師執照

首批入職的八名本地見習機師

當年啟德機場航班次數多，民航處不容許在啟德機場進行飛行訓練，而且規定所有機師必須最少持有私人機師執照，才可以單獨駕駛飛機進出機場。飛機起落程序的訓練（Circuit Training）、單獨飛行訓練（Solo Flight）等，均只能在石崗機場及周邊的地區進行。

然而隨着八十年代末越南船民人數突然大增，石崗機場跑道被改建為石崗船民中心，一切的機師訓練便停了下來。當時除了已持有私人機師執照的我及另一位見習機師，其餘六位都被送到英國接受為期三個月的飛行訓練，取得執照後再回港繼續受訓。

當年的兩架老虎狗訓練機被三架火螢訓練機取代，兩台超級空中霸王定翼機則取代了泰坦 404 定翼機的任務。不足兩年時間，我完成了火螢訓練機、島民定翼機的訓練，並開始接受超級空中霸王定翼機的機長訓練。

首批香港人到英國受訓

然而，畢竟香港政府及市民對直升機服務的需求比定翼機的大很多，所以在 1992 年初，我和另外五位見習機師被送往英國倫敦蓋威特機場（London Gatwick Airport）南面的紅山機場（Redhill Aerodrome），接受為期九個多月的直升機飛行訓練。還記得出發那天，剛好是農曆年初四，除了機組人員外，航班上不足 10 人，冷清得很。此時離鄉背井，倍感難受。

早前提過「機師的行業是外國人的天下」，來到英國受訓的第一天，飛行學校（一間公認為直升機機師的牛頓大學）的理論課總教官對我們

與教官留影

説，他們未曾教過亞洲人，對我們香港人更認識不多。他雖然沒有把握，但會盡力幫助我們通過香港民航處考試，取得商業機師執照。最後，無論是理論或飛行考試，我們都順利通過，並在其中的一個理論課考試中，我們六人全取滿分，成為全校的佳話。而該科的老師，到退休後仍不時提及我們的學習態度及「六人全取滿分」的佳績，作為對其他學生的鼓勵。取得商業機師執照回港，我們隨即接受西科斯基直升機（Sikorsky S76）的機長訓練。

1993 年 4 月 1 日，皇家香港輔助空軍解散，政府飛行服務隊成立。除了部門名稱等一些形式上的改變，變化其實不大。

第一次飛行事故

為了讓機師作好準備，面對惡劣環境下的搜索拯救任務，我們一眾機師自 1995 年起被安排分階段前往英國冰天雪地的北海鑽油平台區域

相中為肇事直升機，相片為事故
前拍攝

飛行，汲取經驗。在英國北海飛行，我們
必須持有英國民航局發出的商業機師及儀
表飛行執照；而當時我們有的只是香港民
航處發出的商業機師執照。所以我們要再
到早前的飛行學校受訓兩個多月，考取所
需執照。

在這兩個多月，我經歷了飛行生涯中
的第一次飛行事故。在一次單發動機直升
機儀表飛行訓練（Single Engine Helicopter
Instrument Rating Training）中，發動機除
冰系統（Engine Anti-ice System）發生故
障，發動機吸入碎冰後熄火（Engine Flameout）。直升機正身處海面上，
幸好發動機的自動重燃系統（Engine Auto-relight System ——那時全英
國唯一配備該系統的單發動機直升機就只有這架）隨即運作。重燃後的
發動機功率大減，只足夠我們保持盲降（Instrument Landing System）
進場後低空懸停（In Ground Effect Hover）。降落後，透過無線電得悉
尾隨的最少三班航機因天氣惡劣，而要復飛（Go-around）並轉飛其他地
方。這次事故可説是不幸中的大幸。

事故接踵而至

接續兩年，我在香港飛行也經歷了不少飛行事故，當中包括發動機
失火（Engine Fire）、發動機故障（Engine Malfunction）及液壓系統故障
（Hydraulic System Failure）等。

隨着外籍飛行教官及考官的離職或退休，1997年時，個人全職飛行
了7年後，我被送到英國學習當教官，並在學習期間經歷了另一次嚴重
的飛行事故。

當時在教官陪同下，到英國威爾斯學習如何在惡劣環境、不穩定氣流中於山區飛行。突然從乘客艙後方傳來爆炸般的巨響，並出現大量白煙。雖然直升機仍舊正常運作，但教官跟我均感不妙，馬上取消訓練及盡快降落。

相中為肇事直升機，相片為事故前拍攝

關機後（after shutdown），我們進行簡單檢查期間發現乘客艙後方的機身出現嚴重變形。縱然未知道確實事故原因，我們隨即通報英國民航局，並將直升機透過陸路運送回飛行學校的所在地紅山機場，讓學校配合英國航空事故調查局（Air Accidents Investigation Branch）進行更仔細的調查。在初步調查後，確定事故為燃油箱爆炸（Fuel Tank Explosion）。

由於這是航空歷史上的第四次同類事故，更是唯一一次有生還者，所以航空事故調查局非常重視，並在不足一年內完成報告。在短短兩年內經歷了多次嚴重的飛行事故，實非一般人，甚至機師可以想像，讓我更加懂得感謝一直保守我出出入入的主耶穌基督及三為一體的神，更加珍惜身邊的親人。

1998 年再被送到英國飛行訓練學校汲取教學經驗，並在 1999 年接受飛行考官訓練。我本應有機會成為第一位香港人獲民航署授權擔任機師考官（Authorised Examiner），但在考試前兩天打羽毛球時我拉斷了一條腳筋。

入院當晚，可說是人生中最漫長的一個晚上。心想若不能行走，肯定不能再踏足駕駛座。難道因一次運動，就斷送機師生涯？我與太太迫切禱告，之後突然覺得心裏很平安，不再慌張。從兒時追逐夢想，到後來多次經歷飛行事故，人生旅途中經歷的起起伏伏，很多都不是人所能控制，唯一步步都看到神的帶領、恩典。

我是蒙福之人，神必為我預備！想到主耶穌的應許，「我的恩典夠你用的；因為我的能力，是在人的軟弱上顯得完全」（新約聖經哥林多後書12章9節），心裏的焦慮完全卸下，再不擔心自己能不能走路。手術後四個月我都要倚杖行走，康復後又可回到工作崗位，神的恩典實在不能一一盡訴。2000年初，終於順利通過考官考試，但要學習的東西還有很多。

跟內地飛行員交流

　　1999年中國渤海灣發生嚴重海難，一艘原定由烟台前往大連的客貨船在渤海灣沉沒。船上312名船員及旅客只有22人生還。意外發生後，中央政府隨即要求交通部打撈局（後來改名為交通部救助打撈局）在內地建立救助飛行隊。透過直升機生產商於航空展的安排，打撈局開始跟我們接觸。

渤海灣交流活動

　　基於人道主義立場，並在保安局的同意下，我們於2003年初正式開始在香港為幾名打撈局救助飛行隊的飛行員及救生員提供搜救訓練。同年年底，我們七名政府飛行服務隊的同事（包括機師、空勤主任、工程師及通訊員）更遠赴中國渤海灣北岸的大連，在寒冷的渤海灣進行四個月的搜救待命交流。期間我們把握機會，繼續為內地的人員提供訓練。

　　雖然同樣是冰天雪地，此處跟英國北海鑽油平台的飛行經驗卻有很大的分別。當年赴英，我們以學員的身分學習如何在惡劣環境下，進行一般的飛行任務；而在大連則是帶着教官的身分教授、分享及經歷如何在惡劣環境下，進行搜救的飛行任務及訓練。

西科斯基 S76C+ 型直升機

　　過程中，語言問題曾鬧出不少笑話。一直以來，香港航空界所用的語言主要是英語；然而在內地都是用普通話。為了提升訓練的效果，我們幾位教官使用香港坊間找到的航空詞典，將英文教材翻譯成中文，繼而以有限的普通話教授。講學不久，便有問題出現。不知道是我們的普通話真的不行，還是其他原因，他們好像聽不明白我們所講的內容，後來才發現是詞彙上的分別。最終我們在北京買了內地所用的航空詞典，然後再把已翻譯成中文的教材按內地用字重新修訂。

　　2004 年 1 月 16 日早上 7 時許，我們收到值班室的通知，有一艘運油船在渤海灣發生火警，船員棄船逃生，要求我們馬上出動。香港人員跟內地人員分別駕駛兩架西科斯基 S76 型直升機飛往現場，合力救起三名船員，唯其中兩名因嚴重低溫症（Hypothermia）而返魂無術。

　　當時的室外氣溫是零下 18 度，海水溫度只有 2 度。救生員雖然已經穿上特製的乾式浮水衣，但碰到海水時仍立即感到寒冰刺骨，在防水衣上的水珠更馬上結冰，可以想像到海中的船員有多難受。

第二次搜救待命交流

同年年底,我們再次遠赴中國渤海灣南岸的蓬萊市進行搜救待命交流。11 月 26 日,我們收到值班室的通知,有一艘貨船在渤海灣因大風浪的緣故沉沒。我跟我的機組人員,包括擔任副機師的一名內地飛行員、擔任絞車手的一名政府飛行服務隊空勤主任,以及作拯救員的一名內地救生員,馬上乘坐西科斯基 S76 型直升機飛往事發現場。當時有另一位內地的拯救員表示願意跟隨我們前往作支援,唯考慮到信息表示待救船員只有 3 人,所以未有讓他一起前往。

到達後,清楚看到貨船已經翻沉,只有船底露出海面。所有待救船員均坐在船底上等待救援,總人數是 13 人,而非 3 人。我們馬上後悔沒有讓另一位內地的救生員隨行。確定人數後,一個巨浪突然撲來,13名船員隨即都落在水中。雖然每名待救船員都身穿救生衣,但當時水溫只有 1 至 2 度,預計他們很快便會出現低溫症狀。

我們趕快完成所有準備程序,並吊下救生員進行拯救行動。待救船員的求生意志非常強烈,在救生員還未到達海面便馬上表現出來,引起了一些小混亂。救生員用了近五分鐘才把他們安頓下來,一個一個有秩序地等待救援。

我們多年來使用的水面拯救方法(Persons In Water, PIW),都要求救生員使用兩條救生套(Double Strops)套在待救者身上,讓他在水平姿態下離開水面,減低低溫症的風險。但這一次由於待救人數多及看到他們剛剛落入水中,機組人員商議後決定改用一條救生套(Single Strop)的方式,加快拯救進程。在每次從海上吊起一名船員,我都在絞車手的同意下將直升機移向左後方一點,好讓我以水中的待救船員作為懸停的參考(Hover Reference),並同時留意他們在海面上的情況。

完成第八名船員的吊運後,發現救生員的體力開始下降,並出現低溫症。正當我們考慮如何繼續行動時,直升機機尾方向有一艘拯救船趕

至，礙於風浪太大而未能靠近。

絞車手跟我商議後決定改變拯救方法，在沒有吊下拯救員的情況下吊下一條救生套，讓待救船員自己套上。確認他已經正確套上救生套後，把他吊起離開海面約五英尺的高度，再慢慢飛到拯救船的上空，把他放在拯救船的甲板上。以如此的吊運方式我們救起了共三位船員。[1]

本文作者（右一）

隨着拯救員的體力開始恢復，我們便回復最初的方法拯救最後兩名待救船員。當救生員把其中一名船員救起時，我發現最後一名待救船員的救生衣突然鬆開，他的身體隨即下沉，消失在茫茫大海中。後來從獲救船員口中得知，那失蹤者是貨船船長。在拯救過程中，他一直堅持讓其他船員先被救起。那刻的景象或許我一生都不會忘記。

在無可奈何的情況下我們只好離開現場，將所有獲救船員送回機場並轉送到醫院。當中最後救起的船員及拯救員都因低溫症需要留院治療。

汶川大地震

2008 年 5 月 12 日中國四川省汶川縣發生嚴重地震，傷亡慘重。地震後短短幾天我們已經準備好人手、直升機及裝備，從香港出發參與救援工作。

---

1 以上兩個吊運方法，在後來的一次經驗分享會中被質疑做法是否恰當。我跟當天的絞車手都深信，非常時期需使用非常的拯救方法，如果當天不是如此進行拯救，恐怕有一半的待救船員都會遇難。

前往汶川地震支援的部分香港成員

機上的附加油箱

得到各方面的批准及協調後，我聯同另一位機長、一名空勤主任及一位工程師於 5 月 23 日上午 8 時許駕駛超級美洲豹直升機（Super Puma AS332L2）出發。

由於航程長，即使機艙內安裝了附加油箱（Ferry Flight Fuel Tank），我們仍需要在桂林及貴陽國際機場加油。亦因為安裝了附加油箱，按照飛行手冊（Flight Manual）的規定，除了必須的機組人員外，不可接載其他人員。

此外，直升機沒有一套像民航飛機的機艙加壓系統（Pressurization System），

根據香港航空法例〔Air Navigation（Hong Kong）Order 1995〕，假如需要在一萬英尺（Flight Level 100）或以上飛行，我們都需要帶備氧氣，並於到達一萬英尺前開始使用。所以在考慮途經的航道（Airways）時，我們只能選擇那些容許在一萬英尺以下飛越的航道。

最終，我們於下午 6 時到達廣漢國際機場。在當地迎接我們的，除了內地官員，還有早一天乘坐民航機到達的政府飛行服務隊同事。簡單交接後，我們隨即將直升機交給同事，讓他們開始為期兩星期的救援工作。而我們則乘坐當日從香港出發、運送救援物資的捷流 41 定翼機（Jetstream 41）回港。

致香港航空業年輕一代

回顧過去 30 多年香港航空業的發展，不論是硬件或制度上，都有不少進步，令香港航空業的知名度不斷提升。

談到軟件，或許因為人的學習模式、價值觀、人生觀或社會中主流處事方式的改變，眼見不少年輕人在加入航空業工作後，比較缺乏認真主動學習的心態或力求進步的想法，更時有對所學和所作的一知半解。比方說當問到某事為甚麼如此運作時，他們有的無言以對，有的則回覆是「別人說、書本教」，但再追問為何如此時，他們都摸不着頭腦。

在航空業工作，抱有這種心態是非常危險的。因為我們的工作都與性命攸關，會危害自己、組員、傷病者和乘客的安全。在此除了寄語有志加入或已在航空界工作的年輕人要認真、主動學習和力求進步外，也盼望在航空業擔起教育工作的一羣，能為航空業未來的發展，一起努力激發新一代的學習態度與思維，培養他們的專業精神。

走在飛機的前方

黃詠妍
署理高級直升機機師

跟朋友閒談時常被問到，作為搜索救援部隊的機師，在十多年的飛行生涯中，應該總有一些深刻難忘的任務值得分享吧。

回想當初選擇加入緊急救援隊伍，已經有心理準備會比一般人更常要面對生離死別，要在危險的環境工作，話說回頭，當時年輕的自己何以對生與死、使命感等有深切的領悟，實在不太能說得明白。那一次「深刻難忘的任務」也是我的第一次搜救任務，原來已足以令我這年輕人醒覺，深深感受到作為政府飛行服務隊的機師，能夠參與搜救行動、為市民服務是一件何等幸運的事。

印象中事發當時我剛通過飛行任務考核，正式成為搜救直升機的副機師。對一個當時飛行時數只有二百多小時的年輕機師來說，飛行和執行緊急任務仍然是非常新鮮的事，當值時都處於一種既振奮又戰戰兢兢的狀態。

衝浪男子失蹤

當日總部的搜救警報響起，所有待命的機組人員立即往飛行指揮及控制中心報到。值日官說有一名男子在石澳大浪灣失蹤，他最後一次跟朋友聯絡時指，將會乘着八號颱風產生的大浪，到大浪灣衝浪。機長和我們幾位機組人員聚集起來，快速地查看了當時的雷達及天氣預報，預計途中有機會有驟雨和遇到劇烈的湍流，但衡量了個案的嚴重程度，很快便有了共識，決定立即啟動直升機，前往現場協助搜索。

直升機從總部飛到大浪灣需時大約 15 分鐘，抵達現場後，已經有一

艘警輪及一艘消防船在附近巡行，搜查海灣地區。我們的機組人員首先完成了任務相關的清單（Role Descend Check），然後下降到200英尺開始搜索。直升機首先進行一般性的區域掃描，然後展開系統性的沿海搜索，從岸邊開始以「梯形搜索法」（Ladder Search）逐步向開闊水域延伸搜索。機艙裏的兩位空勤主任也將後面兩邊艙門打開，各自坐在門的兩邊，希望增加發現生還者的機會。

另外，空勤主任亦先配置好將會使用的下海救人裝備，一旦發現生還者，便可以視乎情況需要，快速有效地把拯救員放下，將生還者救起，為他提供進一步的醫療治理，並以最快的速度把他送往醫院。

由於搜索範圍不大，我們在大約30分鐘後便已經覆蓋了整個海灣範圍，但尚未有發現。機長提議再重新搜索一次，人命攸關，所有機組人員都立即同意。在重新搜索的20分鐘後，其中一名機組人員說：「Target sighted at one o'clock on the shoreline.（懷疑發現生還者，在直升機的一點方向，靠岸邊位置。）」坐在左前方機艙的我立即把視線轉往機長右邊腳旁的小窗，果然看見一位男子，他面朝下，光着身子，大概身上的衣服都已被海浪沖走。他一直被海浪拍打着，輕緩地靠在岩石海岸線上，卻沒有絲毫反應。

我的心一沉，盡量冷靜地用無線電跟附近的警輪聯絡，告知他們直升機發現了一名海中的男子。由於男子位置跟旁邊懸崖非常近，令直升機吊運的難度大增，警輪隨即駛至，把男子救起並放到甲板上搶救，同時直升機把拯救員放到甲板上，跟警輪上的警員合力把男子安放在擔架床上，以吊運形式送回機艙。

在機艙內，兩名空勤主任合力為男子進行心肺復甦法，而機長便全速直飛東區醫院。大約兩分鐘後，直升機降落在醫院天台停機坪，醫護人員已準備就緒，機組人員一個手勢示意他們可以進入直升機主旋翼範圍。護士便急急地把抬床推到機艙門邊，把男子接走，送往急症室搶救。

任務尚未完成

　　經過一輪衝鋒陷陣，發現自己原來已經冒了滿額的汗，心想「任務完成了」，然後機長提醒大家馬上準備好回程，因為下一輪的驟雨即將來臨。我向東邊天空一看，一層層厚厚的烏雲及一幕看不透的「雨牆」正向我們迅速靠近，再瞄了燃油錶一下，萬一錯過了這個可以回程的空檔，剩餘的油量將不足夠我們等到雨過天晴。

　　機長處變不驚，同時表現出在飛行管理上要看得遠的要求。記得受訓時飛行教官常道：「作為機師，除了需要有高超的飛行技術，對行動程序、飛機系統熟悉，也必須要有前瞻性，在還沒有起飛之前已經為行動後的安全降落有全盤計劃，並須擁有超卓的適應力，在需要時對原有計劃不斷作微調。」我一定要時刻警惕自己，「思想必須走在飛機的前方」。

　　幾天過後，得知任務中的男子不幸離世，雖然大伙兒都盡了力，還是不禁有點感慨，生命真的很脆弱。這份職業把我和眾多的生離死別拉近了，能夠參與搜救行動卻令我心靈滿足，同時也令我更珍惜生命和身邊的人與事。

深刻的飛行指揮
及控制中心經驗

簡柏基
總航空交通控制員（輔助）

1988 年我加入皇家香港輔助空軍，擔任的不是機師或空勤主任職位，而是義務航空交通管制員。這工作無需在飛機上執行，而是在周日協助本地小型飛機飛行的航空交通服務（Sector Information Service）。該服務原本在石崗機場的航空交通控制塔提供，但 1996 年中已改由民航處在啟德機場的航空交通控制塔處理，石崗機場的航空交通服務便相繼減少。但應運而生的是，九龍灣政府飛行服務隊內的飛行控制及指揮中心的工作便逐步增加，曾有一段頗長時間工作忙碌得需要通宵當值。

很多時候在飛行指揮及控制中心工作都會遇到很多突發事件，會變得非常忙碌，像無時間呼吸一樣。加上大家都為拯救行動着急，在資料有限、多變的狀況下，各隊員要謹慎地安排拯救計劃，不敢怠慢，令人冒出一身冷汗。記得最初遇上消防控制中心來電，要求 GFS 協助救援一些嚴重的傷病者時，我說話時會口震震，有點不懂應對，不過相信現在已淡定多了。多年的工作也留下了不少回憶。除了夏季的星期日不時為接二連三的山嶺搜救而忙得不可開交，也有一些特別事件值得回顧。

八仙嶺山火

1996 年 2 月一個星期六的中午，我如常從啟德機場的辦公室放工後便到九龍灣的 GFS 總部，準備下午一時起開始值班。因來往車程只有 10 分鐘，我換了制服後仍有超過 30 分鐘可以在飯堂留連一會及看電視。如今回想，雖然還有空餘時間，我其實可以先到飛行指揮及控制中心，了解當天的大概運作才到飯堂，如值日官遇上某些令人手忙腳亂的情況，我也可以協助。

當我一時正到達飛行指揮及控制中心時，從窗外看見一輛救護車正離開總部。值日官指該救護車是運送在八仙嶺山火救援行動中被燒傷的空勤主任 Jason 到醫院。其時山火已令一名學生遇害。我登時目瞪口呆。

值日官告訴我一架黑鷹直升機正在山火現場投擲水彈，另一架則在拯救被山火圍困的多位學生。他亦忙於向上級報告有空勤主任受傷，我立即為控制中心加添一雙手，看看有甚麼可以幫上一把。

此時，S76 型直升機 45 上的葉 Sir 從無線電通知已完成運送病人任務，值日官回覆可以返回總部待命。當年我們很少會派兩架直升機在同一現場投擲水彈。但為了投入更多資源，並且考慮了空域擠塞的可能性及停機後不能夠即時再開機，我還是修改了指令，要求直升機先返回總部加油，再攜帶救火水桶出發。

正當直升機吊着救火水桶前往八仙嶺途中，消防控制中心要求我們協助運送其高級長官作高空視察。直升機便在某處放下水桶再前往接載，直至完成該任務後回航。接下來，控制中心的人手隨着下午班同事上班而有所增加，黑鷹直升機也回航更換機組人員。當值經理 Peter Goddard 也駕駛了他的古董開篷車趕回來參與決策，並向上級滙報。

傍晚六時我們仍忙於追寫行動紀錄。在我下班前，收到有關傷者在各醫院的分佈表，當中一名傷者被送到伊利沙伯醫院醫治，我感到奇怪，不明白為何大埔的山火會有傷者在九龍醫治。最後才想起傷者是空勤主任 Jason，當時自己的腦袋真是硬繃繃的，轉不過來！

下班後我的腦袋還是停不下來，心裏仍然為山火的救援工作着緊，部分原因是家住大埔汀角路，整個晚上都聽到緊急車輛來回八仙嶺的響號；另一方面當然是在日間參與了這項香港史無前例的大型災難拯救行動，心情未能立即平伏過來。

北區水災

一個下雨的星期六本應是政府飛行服務隊較空閒的時間，但一場大雷雨加上深圳河排洪卻令新界北區嚴重水浸。消防控制中心通知，新界某村有村民遭洪水圍困。政府飛行服務隊趁雨勢稍為減弱後，隨即派出一架黑鷹直升機出勤。我用電話與被困人士聯絡，希望能夠確定他們的位置。記得當時受困人士在電話中很驚慌，他們只能提供木屋的門牌地址，可惜這對直升機搜索沒有任何幫助。

直升機到場後發覺現場已是一片澤國，分不出原有的房屋與道路，只見很多人都被圍困。黑鷹直升機見一個救一個，根本分不出誰是飛行指揮及控制中心聯絡得上的那一位。依個人記憶，所有被救的村民都被運送到粉嶺的警察機動部隊總部。當晚在電視新聞片段看見在直升機上的空勤主任 Patrick 為全身濕透的被救人士披上毛氈，畫面多令人感動。

沙士襲港

2003 年沙士疫潮襲港的一個星期六（又是星期六！），我和另一位航空交通管制員 Ada 一同在下午一時開始當值。報到時飛行指揮及控制中心的氣氛異常緊張，原因是接到報告在南中國海有一遠洋船，船上有數人身體不適及發燒，懷疑染上沙士。當時香港人對該疾病並不十分了解，對其傳染性也認識不多。吊運傷者會有不少身體接觸，機組人員要有一定的安全考慮。行動後機組人員可能要隔離一段時間，直升機也需要特別消毒處理，對整個行動組帶來很大風險及不便。

早班正職飛行指揮控制及控制指揮中心通訊員同事 Alan 緊張此事，一直留守至傍晚才下班。部門上上下下都為此奔波，整天都瀰漫着快讓人窒息的感覺。最後該船於翌日在全港市民及政府高度關注下進入香港水域。我在家中直接看到它經過南丫島旁邊的東博寮海峽，感恩直升機只需在上空監視而無需接送病人，各人都鬆了一口氣。

海外緊急
院前護理訓練

袁家威
三級空勤主任

　　開始直升機拯救員的訓練時，教官曾跟我説，以往直升機救援只被當作整個救援行動中的一小部分，目的只是為了把傷病者從事發現場盡快撤離並送到醫院，便完成任務。隨着部門引入更先進及續航力更強的直升機，可以更快到達現場，如果我們可以從抵達現場一刻，便開始為傷者提供合適的緊急院前護理，肯定可以提高傷病者的存活率及復原機會。

　　因此，部門從九十年代尾開始，對空勤主任接受的緊急院前護理訓練和工具展開了一系列的詳細審視調整，加上部門跟醫院管理局和香港急症科醫學院在 2000 年合作推展的飛行醫生計劃，我們正式實現了將急症室直接帶到現場的理念。2002 年，為進一步加強服務，計劃更擴展至加入飛行護士。

　　在訓練方面，部門跟本地以及海外的緊急院前護理訓練機構亦開展了一系列合作，其中包括與香港急症科醫學院聯合組成一個督導委員會，統籌部門在這方面的發展，及制定有關訓練及考核的內容和標準。另外，為了擴展空勤主任、飛行醫生和飛行護士在這方面的視野，部門亦有和海外機構合作，定期派人員到有關的專業單位接受訓練。

專門醫療訓練課程

　　2014 年 6 月我受派到英國威爾斯參加了一個為期三周的緊急院前護理課程，課程的主辦單位為 Outreach Rescue Medical Skills（ORMS），他們在英國的主要訓練對象是所有在軍用及民用直升機搜救單位工作的空勤人員。

該次的課程內容是中級野外緊急院前護理課程（International Hazardous Environment Medical Technician Course, IHEMT），這是一個緊湊、密集和令人大開眼界的課程，我從中得着了很多，有助我應用到日後的救援行動，增加我們在野外或其他特殊環境處理傷者的技巧和應對能力。

課程由三部分組成，分別為理論、處理傷病者的技巧和藥物的使用，每一部分都有相當的難度和挑戰。首先會學習理論，導師仔細地向我們講解一遍人體結構，然後就每一部分可能發生問題時會出現的情況再講解清楚。如果出現某種病徵和病狀，可以初步推斷是身體哪部分出現問題，然後再對症處理。

大家就像扮演一個偵探，嘗試透過傷病者較明顯的病徵病狀，尋找蛛絲馬跡，評估病況。但是疾病的種類實在太多，要牢記每種病徵和病狀跟病症的關係，實在不易。幸好，導師會教我們使用一些「口訣」（Mnemonics）幫助記憶，令複雜的斷症過程變得比較容易。

口訣的重要性

例如在處理失去知覺、不省人事的病人時，有時候救援人員不知從何入手，導師就介紹從 4 個「H」和 2 個「D」入手檢查，從而決定適合的處理方法。

4H

- Hypoxia　　　　缺氧
- Hypotension　　血壓過低
- Hypoglycaemia　血糖過低
- Hypothermia　　體溫過低

2D

- Drugs　　　　　　　　　受藥物影響／中毒
- Direct Brain Injury　腦部創傷

以上都可以是導致病人不省人事的原因，移除了這些因素，病人普遍能回復過來。掌握了這些技巧，不單可以幫助人員準確斷症，對症下藥，更可以減輕患者傷勢惡化的情況，增加復原的機會。

處理創傷時，情況則有點不同，救援人員往往會被傷者的大面積傷口、出血，甚至痛楚呻吟而分散注意力。在這種情況下，口訣包括「ABCDE」、「PLACE」、「SAMPLE」等等，就可以令救援人員有系統地檢查及處理傷勢，避免因眼前一些較突出或引人注目的狀況，而忽略了其他可能的致命原因。

用藥方面，由於我們對藥物都不熟悉，需要花額外的心機精神才能掌握使用藥物的正確觀念。例如，舒喘寧（Salbutamol）常用於急性哮喘、呼吸困難、因過敏引致呼吸道收窄的患者以及慢性阻塞性肺病的病人身上，它應付下呼吸道問題非常了得，但如果病人本身有低血壓、心絞痛、甲狀腺功能亢進症（Overactive Thyroid）等，我們用藥時便要特別小心。舒喘寧會引起不少副作用，例如頭痛、心跳快、心悸和肌肉抽搐等等。用藥前需告知患者，以免引起誤會或恐慌。

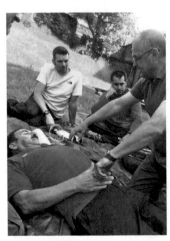

緊急院前護理訓練

三硝酸甘油酯（Glyceryl Trinitrate, GTN），是種對心臟病和心原性肺水腫很有效的藥物。它能幫助擴張冠狀動脈，降低血壓，緩和患者心痛的情況，但要注意，如患者本身有低血壓、頭部創傷或腦出血，就要避免使用。

為安全起見，使用這些藥物前後都要按照指定程序檢查傷病者的情況，例如在用藥前要確保沒有禁忌（Contraindication）和記錄每次用藥的時間。我們初期都是死記硬背，但到了課程後期，經過多次模擬

情景訓練，已手到拿來。我的同學來頭不少，有前空軍、海軍成員、空中拯救隊隊員和攀山拯救專隊隊員等。導師包括急症科醫生、救護人員，還有經驗豐富的山嶺搜救隊導師，每位都是各自領域上的專家。值着他們的教導、經驗承傳、心得分享，加上學員互相交流，令大家都更認識各崗位所面對的挑戰和困難，這就是課程的獨特和可貴之處，很值得參加。

獨立處理模擬救護治療

導師細心地講解理論後，就會精心製作一個跟課堂內容有關的場景，要求我們對傷病者進行評估及診斷，運用特定的技巧及使用藥物，幫助傷病者。記得有一次，剛上完頭部受傷處理堂後，我被安排獨個兒處理一個情景個案，一位煤礦工人在工作時遇到塌陷，頭部被石頭擊傷，嚴重受傷，被困在隧道內。聽完簡報後，我立即帶着沉重的工具，穿過狹窄的模擬隧道，接觸傷者。當時他臥在地上，正在呻吟，旁邊有一大灘血，我推測他的傷勢一定不輕，但最少還有呼吸和反應，氣道亦沒有即時的問題，於是我上前立即用止血繃帶替他止血。正打算叫支援的時候，導師說我不能夠這樣做，因為隧道內沒有無線電訊號，我暫時未能聯絡任何人，只能獨自處理傷者。顯然，挑戰就更大了。

我先用頸套固定了傷者的頸椎，保護傷者的頸部，給醫療氧氣之後立刻為傷者打靜脈注射，目標是保持他的收縮壓大約在 120mmHg，讓受傷的頭部得到足夠的養分和血液供應的同時，又不會過量，避免加劇腦出血的情況，希望減少對腦細胞的損害。

我預計傷者情況會惡化得很快，檢查了傷者身體無其他即時致命的問題後，我們便準備立即撤離。問題是在狹小的空間裏，怎能安全地移動傷者上擔架床呢？我只好用一張床單，先包裹傷者，然後一小步一小步地把傷者移上床。這樣一來，已經用了 30 分鐘，我還要把傷者從模擬隧道拖出去呢！那豈不是要更長的時間？

心外壓練習

模擬訓練到這裏便停了。

導師最後沒有要求我把擔架床連傷者移出隧道，但這令我反思，在工作中遇上類似的救援行動，要把傷者移去一個適合吊運的地點，是很普遍的，也是有需要的。如遇上一些特別偏遠或地面部隊需很長時間才能到達的地點，空勤主任在缺乏支援下，都必需獨自妥善地完成任務。

因此，我再次提醒自己，時刻都要裝備自己，在最佳狀態之下才能把救援任務做到最好。

我很欣賞這個課程由始至終都強調單人救援的這個特色，因為這跟我們實際的前線工作完全一樣，傷者傷勢有沒有惡化，病情穩不穩定，生與死，都跟我們怎樣處理有直接關係，我們要對傷者負責任。那麼，我們怎麼會有做不好的理由呢？正正因為我們的角色那麼重要，才要時刻裝備自己，保持警醒，才能勝任。

戶外情景練習

　　每次完成模擬情景訓練後，導師都會跟每位學員作詳細檢討，學員之間也會仔細討論每個細節，甚麼地方處理得好，甚麼地方需要改善，互相分享心得令大家都能吸收經驗，掌握更多技巧，獲得最大的得益。

　　對於部門在緊急院前護理的發展上，我充滿信心，硬件上我們有新的直升機機隊即將投入服務，設備肯定更先進，醫療器材也更與時俱進，就像我們較早前引入最新一代的心臟去顫機和自動心外壓機。我也相信部門會繼續在這方面投放資源。

　　軟件方面，同事能參加一些像 IHEMT 的課程，以及之後在醫院急症室和救護車上實習，令我們在知識和技術層面上都更勝從前，加上與飛行醫生及飛行護士的合作和交流日漸增多，我們期待能從他們身上學習更多，為傷病者提供更好更全面的服務。

命定的直升機
搜救生涯

羅兆興
前二級空勤主任

懷着一顆想飛的心，我誤打誤撞考進了皇家香港輔助空軍，時為 1985 年。

當年，年屆 28 的我已經家有妻兒。在海事處工作三年之後，由「海闊」轉入「天高」，兒時已懷有的飛行之夢，終於夢想成真。走筆至此，腦中忽然迴盪起美國歌手桃麗斯‧黛（Doris Day）的名曲 *Que Sera Sera*（*Whatever will be will be*）。

是的，我是個宿命論者，人的命運，冥冥中自有安排。

我的學歷不高，只有中學畢業。行年 18 已在社會工作，打滾了 7 年之後，深諳自己不是從商的料子，發不了達；遂決志投身公務行列，圖個安穩的生計。生性好動的我，選擇了兩個政府部門——海事處和漁農署（現今的漁農自然護理署）。心想，海事督察的工作在海上巡查，Park Warden（現今的自然護理員）則巡守於山野之間，正符合愛好戶外及自然的我。現在的年青人都說欠缺機會，投考公務員更是僧多粥少，競爭劇烈，但當年兩份工作都同時選上我。

假若當時我在兩者之間不是選了海事處，後來應該不會考進 RHKAAF，當上空勤員。當年皇家香港輔助空軍的正規飛行人員相信不超過 15 人，也極少招聘新人入伍。那時在政府內部傳閱的文件中，我早已留意到他們招聘的訊息，卻遲遲下不了決心去應聘，因為招聘的條件中有一項相當難人的要求——應聘人士要有飛行或相關經驗。

八十年代的香港，除了從事飛行專業的人士外，能有飛行經驗的都僅限於業餘飛行愛好者，他們大多非富則貴。在一般公務員中，相信能

有此經驗者絕無僅有。假若不是因為我工作的地方——海港控制塔（Port Control Unit）與 RHKAAF 有直線電話聯繫，兩部門在搜索救援方面有合作關係，我亦不敢嘗試申請該職位。於是，在截止報名的最後一天，我遞交了申請書，亦僥倖獲選。

陰差陽錯的分配

命運弄人，可不是麼？我考取海事督察這職位，想於海上逍遙自在地工作，命運卻安排我在海港控制塔中工作。事與願違，卻原來命運的好戲還在後頭。

當年 28 歲的我，身手堪稱矯健，反應亦算敏捷，獲選加入皇家香港輔助空軍後，完成一些基礎訓練，便被編入直升機組，擔任直升機空勤員。

一般負責搜索救援的飛行隊都分開直升機與定翼機兩組，因機種不同，任務及工作亦有分別。定翼機飛得快，飛得遠，一般只負責搜索任務，在有需要時亦能低飛空投可充氣救生筏予海上的遇難者。直升機較慢，飛得沒那麼遠，一般負責近岸和陸上的一切救援事宜。

一般人對政府飛行服務隊的印象，都只限於搜救行動。其實隊伍的工作繁重，搜救以外，還負責空中救護、貴賓探訪、內部保安、反走私、協助繪製地圖、各政府部門的空中監察、接載太平紳士往返離島的監獄、按需要吊運政府物品，以及協助漁農署和消防處撲滅山火甚至大廈火警等等。上述種種工作，大部分都需要亦只能由直升機來執行。

本人生性慵懶，卻陰差陽錯地進入了工作相當繁忙的直升機組，真是個考驗，尤幸當時仍算年青，勉強挺了過去。在英籍導師 Graham Murrell 的親自指導下，很快已考獲直升機拯救員資格。在往後二十多年的飛行生涯中，都以直升機任務為主，成就了許許多多令我難以忘懷的故事。

拯救任務處女作

不旋踵，我的第一個拯救任務來了。

那是個山嶺拯救任務，在獅子山山麓，有人墮坡了。從機上往下望，現場是個陡峭山坡，與公路有一段距離，傷者有兩個人陪伴，半躺在地上。由於現場地形險要，直升機不可能降落，同事用絞車把我吊運下去，拯救傷者。現場能供我着地的地方不多，絞車手選擇了在傷者下方的一處位置把我放下，那樣，即使傷者可能受直升機的氣流捲動，我也可以在下方攔截他。

着地後，直升機在上方盤旋觀察，我立即替傷者檢查傷勢，他的呼吸脈搏正常，腳有骨折，身體多處有外傷，不適合使用救生套吊運。於是我立即替傷者包紮傷口及套上吹氣夾板在傷者的骨折處，並通知絞車手把救援床吊運下來。那時我們使用的是 Neil Robertson Stretcher，一種不能摺疊、像塊長木板的救援床。

這救援床的設計很容易受直升機自身的氣流影響，像風車般自轉起來。在陡峭山坡上穩住自己已不容易，何況還要接過那吊床，打開，把傷者放在床上？經過一番努力，終於把傷者救起，送到醫院。事後，拍檔絞車手對我此次拯救的表現大為嘉許。畢竟，在此惡劣環境下的處女作能有此表現，實屬難得。

話說回來，此吊床的確劣績昭彰。記得有位同事曾説，他在吊運途中，跟着受氣流影響的吊床一起不停急速旋轉，進入瀕死狀態，一生的事情都快速地在腦海中呈現。尤幸當時的絞車手把他放到水中，水的阻力停止了旋轉，他的神智才恢復過來。而該種吊床已被停用多時。

不可能的夜間搜救

1986 年 11 月的一個晚上，我奉召返回基地執行山間救援。

據報有五至六名行山者被困，有兩人情況不佳，亟待救援。當晚的天氣很差，視野不佳，雲底約在 1,000 英尺左右，而且正下着驟雨。救援地點在西貢的蚺蛇坳附近，該處地勢險要，懸崖眾多。

那年代還沒有夜視鏡、紅外線熱感探測器，甚至像強力探射燈也沒有，而其時手提電話還沒有很流行，報警者只能說出大概位置，當晚更只有一位機師負責飛行。在種種客觀條件下，這看似是個不可能的任務。連機長在內，我們一行三人，都沒有很大的信心能成功救人。

當年我們的總部仍在啟德，起飛後，冒雨穿越飛鵝山山峽後，告別城市的燈光，飛向漆黑的牛尾海，偶爾一兩片雲在機旁飄散。西貢幾座大山全都在 1,500 英尺或以上，但我們知道飛行高度只能維持在 1,000 英尺左右的雲層以下。我們小心翼翼，相互提點，以穩定的速度摸索向前，因為我們靠的只是目視飛行，偶一不慎，隨時落得機毀人亡的悲慘下場。

飛過萬宜水庫，到達西灣一帶，周圍更是漆黑一片。1,535 英尺高的蚺蛇尖已經入雲，完全看不見了，但我們都明白蚺蛇尖正是我們這次搜救任務的最大危險所在。我們調慢速度，緩緩向蚺蛇坳飛去，蚺蛇尖就在我們的右邊，機師放下機輪及搜索燈，照着目標位置。

第一次低飛過蚺蛇坳，沒有發現任何人。機師把飛機爬升，因為另一座高山石屋山亦在附近。雨仍在不停地下，我們小心謹慎的把第二次低飛搜索航向定下來，再向目標進發。第三次再飛向蚺蛇坳搜索時，我忽然好像看到地面上有人揮手，便立即向機師及絞車手通報，但直升機速度高，很快，眨一眨眼已看不到那人了。我們都相信，蚺蛇坳上有人在求救。尤幸在蚺蛇坳有一草坡，附近沒有太多障礙物，於是機師在該處小心着陸。

着陸後，看到了報案人，是個年青的小伙子。他告訴我們，有四人在山坳的下方等着，一人昏迷，另一人半昏迷，於是我與絞車手便隨着

他往下走了約 100 米，見到其餘四人。拍檔身材比我高大，背着那昏迷的便往坡上走，我則扶着那半昏迷的。大雨下，山路都變得很濕滑，我們背負着一身裝備及扶着求救者，在斜坡上滑倒了幾次，好不容易才把他們全都安置在機上，替他們披上毛氈保暖，把他們送到醫院。

後來得悉幾位年青人因準備不足，亦忽略了天氣變化，結果被困山上，當晚他們真的是「飢寒交迫」，身體較弱的兩位更出現虛脫現象。假若當晚不是他們幸運地被我們尋獲，再多躭擱的話，後果十分嚴重。

事後，部隊司令官對我們這次搜救表現大為嘉許，機長和拍檔分別獲得推薦頒發「港督嘉許狀」（Governor Commendation），而我則年資尚淺，獲頒「司令官嘉許狀」（Commanding Officer Commendation）。現在回想起來，奇怪當晚自己何以如此「眼利」？感覺真的如有神助，可能是幸運之神眷顧吧。

最難忘的搜救

事發日期已忘記了，只記得當天接到報告說中國境內有一直升機飛往南海油田途中，突然在深圳大亞灣附近失聯，香港民航處亦收到肇事飛機發出的自動警報求救訊號。於是我們立刻出發，那時我們使用的是美製的西科斯基型直升機，機師是位飛行經驗豐富的英國人。

那天下着大雨，雲底高度卻不算高。

我們一行三人，一位機師，兩位空勤主任，飛行途中商議該怎樣進行這次搜救行動。我們果然遇上了預計中的惡劣天氣，就在介乎大鵬灣與大亞灣的海面上，我們被暴雨所困，當下視野極差，幾乎是零，上不見天，下不見海，見到的，就是雨點瘋狂似的打向我們的機身。

遇上這種狀況，已經超出我們目視飛行的基本安全要求，理論上是要放棄行動的。但我們明白這次是確切而緊急的求救，所以機師當機立

斷，他估計雨來得急，應該也去得快，他判斷附近海面沒有很高的障礙物，便立即收慢速度，以大約 300 英尺的飛行高度，在海面上不停繞圈。期待大雨過去，再決定下一步行動。大概等了十多分鐘，暴雨過去了，視野也大為改善，我們立即加速，沿着大亞灣的岸邊繼續搜索。

不久，機上的訊號接收儀收到的求救訊號越來越強，我們便追着訊號飛去。才一陣子，我們在大亞灣近岸的一處山坡，高度 700、800 英尺左右的地方，發現直升機殘骸，機身在該處高聳而陡峭的山坡之上，還在冒白煙。機身的碎片散落各處，顯然飛機先在高處撞毀，然後滾落到該處停下。機身已斷成多截，機艙亦嚴重變形，損毀不堪。肇事地點在山坡，直升機不能降落，我被吊運下去，直升機則在上空盤旋等待我的報告。出事地點極為偏僻，無路前往，我是唯一及第一個到達現場的人。走近機身一看，看到附近有三副人體殘骸，全部只得上半軀幹，下半身已不知去向，且都有被燒過及皮膚發紅徵狀，了無生命跡象，屍體人數與報案資料亦相符。於是我向機長報告，他要求我再檢查核實一次，當然結果並無兩樣，於是我們便收隊離去。

事後知道，該直升機計劃前往南海油田，機上三人分別是正副機師和翻譯員，估計遇上惡劣天氣而不慎撞山，他們操作的正是我們同一型號的直升機。該次行動之後，我整整有一星期不想吃肉，腦海中不斷浮現撞機現場的恐怖畫面。心裏想着我們都是同行，也操作同一型號的飛機，會不會有一天我們會像他們一樣，機毀人亡？

那次是我第一次對這份工作感到後悔和猶豫，然而我仍堅持謹守崗位。

五味紛陳的工作體驗

怎樣去形容這 20 多年的空勤主任工作？刺激、緊張、冒險、犯難、很有意義、好玩、與別不同、天高海闊、高高在上、危險等等。我的感覺就如打翻了五味架，五味紛陳。

1992 年由時任香港總督彭定康頒發英女皇嘉獎

每一位擔任搜救的機師或空勤主任，都有他們各自的故事。因為工作的性質和環境，幾乎每一次的飛行，某程度上都是一次冒險，更不要説那些在風暴時和極端環境下的搜救任務。20 多年的飛行生涯中，我見過同行在撞機後的模樣，自己亦多次與死神擦身而過。我常跟別人説，是我的「守護天使」努力守護我，把我留在人間。

向眾英雄致敬

過往，當有人問我會否後悔選了空勤員作為終身職業，我總會回答：生死有命，沒甚好後悔的。現在，年紀大了，閱歷深了，如果有人再問我同樣問題，我會答：不單不後悔，還引以為榮！

1998 年由時任香港特別行政區行政長官董建華頒發行政長官公共服務獎狀

想一想，有甚麼工作能讓你騰雲駕霧，像天兵天將般，救人於水深火熱的絕境之中？得到被救者衷心感激之餘，更可能贏來各方的掌聲及榮譽。能掙錢養家，亦可為自己及家人積福德。若在太平無事之際，更可因工作之便，居高臨下，飽覽大地風光，做隻翱翔天際的鷹。我想這總比終日營營役役，想着如何賺多些錢的職業來得有趣多了吧。至於危險，正如我在文首所説，我是個宿命論者，就讓命運安排吧，我們總不能因噎廢食。

在此，請容許我引用 2006 年離職時的一番說話，再一次說出我的心聲作為總結。

"Although we are paid to do the job, however this is a job that someone has to risk his/her life to save others. I regard this is one of the highest moral of human's act. For that reason, you have my maximum respect and I salute to you – heroes!"（雖然我們受薪工作，但此職業是以生命去拯救生命。我認為這是人類其中一項最高的道德情操。因此，我要向各位「英雄」致敬！）

1993

3月

解散皇家香港輔助空軍

- 3月31日舉行解散會操（Disbandment Parade），時任港督彭定康為主禮嘉賓，並在葉迪奇中校（左二）陪同下檢閱隊員。

4月

政府飛行服務隊成立

- 前身為皇家香港輔助空軍，在機隊及人手編制不變的情況下，由一個半軍事組織轉化成一個民用飛行機構，按民航條例操作。

- 顧毅宏先生為第一任政府飛行服務隊總監。

- 首批七名華人見習機師，在英國完成所有基礎訓練回港後，便開始在直升機及定翼機上接受進階飛行訓練。

CHAN Karl   WU West   NG Michael   CHAN Michael   WONG Lawrence   LEE George   CHAN Marcus

HONG KONG   I

8 月

HKAR – 145

- 工程部獲香港民航處核准成為首間直升機 HKAR-145 認可維修機構，可以為在本港註冊的直升機及有關設備進行維修工作。

1996   2 月

八仙嶺山火

- 政府飛行服務隊出動多架次直升機投擲水彈及進行空中拯救。空勤主任陳兆基先生獲頒授英女皇卓越勳章（Queens Gallantry Medal），表揚其英勇行為。

- 是次意外中，馬鞍山中國婦女會馮堯敬紀念中學的周志齊老師、王秀媚老師及三名學生慘被大火燒死，另有多人受傷。

新總監上任

- 畢耀明機長接任,成為第二任政府飛行服務隊總監。

佐敦嘉利大廈五級大火

- 直升機首次在市區及濃煙中進行高空拯救,在大廈天台成功救起 4 名被大火圍困的人士。這場慘劇最終導致 2 名消防員不幸殉職、41 名市民死亡及 80 人受傷。

見內文頁 119

1997 2 月

首降赤鱲角機場

- 定翼機超級空中霸王（Super King Air）B-HZM 是第一架降落赤鱲角機場的飛機。時任財政司司長曾蔭權、民航處處長施高里及政府飛行服務隊總監畢耀明機長均為機上乘客,見證此歷史時刻。

5 月 飛行衣轉換顏色

- 機組人員的飛行服由橙色轉為藍色。

6 月 輔助部隊暫停執行職務

- 由於工作性質轉變，政府飛行服務隊的輔助隊伍，包括機師、空勤主任及控制室人員暫停執行職務。

1998

7 月

- 政府飛行服務隊總部遷往新機場。時任行政長官董建華為新總部主持揭幕典禮。

9 月 新的天空

- 赤鱲角機場正式投入服務，其雙跑道、全天候運作模式為香港航空界歷史揭開新的一頁。

引入定翼機捷流 41

- 這款雙引擎渦輪發動飛機安裝了 360° 搜索雷達，配合更先進的熱能影像系統，提高了遠程搜救行動的效率和能力。

1999

- 定翼機超級空中霸王正式宣告退役。

颱風約克襲港

- 香港天文台於 9 月 16 日上午懸掛十號颶風信號。直升機在長洲對開海面救起兩名險被巨浪捲走的滑浪風帆手。

見內文頁 **127**

直升機黑夜追捕飛車

- 直升機配上紅外線熱能探測器，在新界吐露港公路首次協助警方成功截獲十輛涉嫌非法改裝賽車，並拘捕十名涉案人士。

2000 6月

喜靈洲暴動

- 位於喜靈洲的戒毒所發生暴動事件，黑鷹直升機分別從粉嶺的機動部隊總部及灣仔停機坪接載大批警察及懲教署緊急應變部隊前往支援。 見內文頁 130

將急症室帶到病人身邊

- 政府飛行服務隊與香港醫管局達成合作協議，安排急症室醫生及護士在周末及公眾假期當值。在有需要時隨同直升機出發前往現場並提供即時急救，提高危殆及嚴重傷病者的存活率。第一批飛行醫生亦於同年 10 月開始執行職務。 見內文頁 59

2001 6月

新界北水浸

- 天文台發出紅色暴雨警告，新界上水、虎地、天平山及石湖墟一帶嚴重水浸，超過 100 名市民被洪水圍困。3 架直升機從村屋屋頂救起合共 32 名身陷險境的市民，當中包括 6 名小童。 見內文頁 183

10月

引入超級美洲豹直升機

- 歐洲直升機公司 3 架超級美洲豹直升機在 10 月至 12 月先後抵港，隨後正式投入服務。

即時影像微波傳送系統

- 工程部在大帽山加建發射站後，即時影像微波傳送系統（Microwave Video Down Link）正式啟用。另外，飛行指揮及控制中心也能實時監察各飛機位置及其他相關資料。

引入 EC155B1 海豚直升機

- 歐洲直升機公司 5 架海豚直升機在 10 月至 11 月抵港，正式投入服務。

西科斯基人道服務獎

- 獲國際航空界知名機構國際直升機協會（Helicopter Association International）頒發年度西科斯基人道服務獎（Igor Sikorsky Award for Humanitarian Service）。

2003 5 月

公眾開放日

- 於舊灣仔（分域街）停機坪舉行首次公眾開放日。

直升機意外

- 海豚直升機 B-HRX 在前往長洲執行任務時，在大嶼山發生意外。機長彭富國先生及空勤主任陳文狄先生不幸殉職。

內地考察

- 政府飛行服務隊應中國交通部救撈局邀請，由畢耀明總監帶領不同職系人員前往大連、煙台的國際機場，進行實地考察。為當地成立救援飛行隊提供專業意見和分享經驗。

黑鷹直升機退役

- 3 架黑鷹直升機正式退役。

2004 10 月

旋翼維修工場

- 工程部獲歐洲直升機公司認證為旋翼維修工場，可以為直升機的主、尾旋翼進行各類型的維修及保養，大大縮短了維修時間，更同時提高成本效益。

2005 9 月

美洲豹轉色

- 為配合行動上的需要，政府飛行服務隊將其中兩架美洲豹直升機 B-HRL 及 B-HRM 橙白色的塗裝，轉為與海豚直升機一樣的深灰色。

11 月

電視劇《隨時候命》

- 香港無線電視翡翠台播出以政府飛行服務隊為主題的電視劇。為加深市民對部門的了解，政府飛行服務隊在劇集播映前，於總部再一次舉行公眾開放日。

12 月

世界貿易組第六次部長級會議

- 於會議舉行期間，按警務處要求提供不同形式的內部保安及空中支援服務，確保會議能順利舉行。

爭分奪秒

- 在一次山嶺拯救中，首次使用全自動體外心臟去顫機為一名心臟突然停頓的病者進行急救，並成功恢復其心跳及脈搏，然後送院治理。 見內文頁 **149**

颱風派比安

- 在派比安襲港期間，政府飛行服務隊到南中國海進行了四次遠程搜救行動，在驚濤駭浪之下，合共救起 91 名船員。打破了政府飛行服務隊的記錄。

- 陳志培機長、胡偉雄機長、空勤主任翟海亮先生及陳兆基先生獲頒授銀英勇勳章。

- 是次救援行動更在翌年獲國際海事組織（International Maritime Organization）頒受年度海上卓越英勇獎（Award for Exceptional Bravery at Sea）嘉許狀。

哥士拿上校獎

- 獲美國直升機協會（American Helicopter Society International）頒發年度美國海岸警衛隊威廉哥士拿上校獎（Captain William J Kossler USCG Award）。

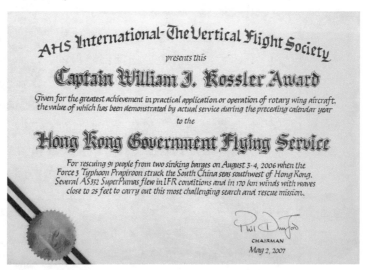

公務員優質服務獎勵計劃——冠軍

- 與消防處、民眾安全服務隊、漁農自然護理署合作，以「風火山林拯救行動」奪得獎勵計劃中「部門合作獎」冠軍。

公路拯救

- 在大除夕傍晚，甄淑賢機長駕駛海豚直升機，首次降落於元朗新田公路，將一名在交通意外中受重傷的專線小巴司機緊急送院治理。

2008

3 月

新總監上任

- 陳志培機長接任，成為第三任政府飛行服務隊總監。

5 月

汶川大地震

- 政府飛行服務隊一行五人前往成都，參與空中救災指揮部統籌的救援工作。聯同交通運輸部的搜救人員出動，執行各項救災工作，包括從山區救出倖存者；將地面搜救隊伍送到偏遠山區，搜索失蹤和受困的災民；以及運送救援物資到災區等。　見內文頁 168

8 月

馬術比賽

- 為配合在香港舉行的2008 年北京奧運及殘疾奧運會的各項馬術比賽，政府飛行服務隊應香港賽馬會要求，合作制定了一套使用直升機吊運馬匹的緊急撤離程序，以備不時之需。

9 月

颱風黑格比

- 在 8 號風球高懸、風高浪急的情況下，直升機在香港以東約 130 公里的中國水域救起 7 名已棄船並在舢舨上載浮載沉的遇險漁民。期間救人主鋼索斷裂，險象環生。空勤主任立即轉用後備鋼索繼續完成任務。　見內文頁 137

2009 9 月

公務員優質服務獎勵計劃——冠軍

- 以「四川空中救災行動」奪得獎勵計劃中「專門服務」冠軍。

- 在大地震後，政府飛行服務隊迅速回應，隊伍首次遠赴陌生地區進行拯救，充分展現他們的團隊合作及大無畏精神，飛行員和後勤支援人員冒着生命危險，克服災區環境的變數，順利完成拯救任務。

2010 1 月

飛機清洗設備

- 在停機坪安裝了一套大型淡水清洗系統，使用超過 280 個噴嘴，並以不同角度協助祛除殘留在直升機機身及旋翼上的放射性物質和污垢物。

3 月

安全飛行 25,000 小時

- 超級美洲豹及海豚直升機到港後，合共安全飛行了 25,000 小時。歐洲直升機公司主席到政府飛行服務隊總部頒授紀念牌。

4 月

更換頭盔和飛行衣

- 新頭盔內置三層保護物料並配備更先進的耳筒裝置，有效地減低飛行時的雜音，令通訊更清晰，更有效率。另外，飛行衣由藍色轉為綠色，並採用抗火性能更佳的物料，為飛行員提供更大保護。

5 月

香港拯溺總會主席獎杯

- 空勤主任何鳳翔先生在同年二月一次晚間遠程搜救行動中，在極惡劣的環境下，憑着無比的決心和捨己為人的精神，成功救起 4 名墜海船員。除了個人救生星章外，是次救援行動更首次被獲頒香港拯溺總會年度最高榮譽——主席獎杯。

12 月

急降水塘

- 超級美洲豹直升機 B-HRN 參與撲滅大帽山雷達站附近山火期間，因二號發動機機件發生故障，連同救火水桶一併急降荃灣城門水塘。隨後，工程部人員迅速抵達現場處理及善後，並於 60 小時內成功把直升機運回赤鱲角總部。 見內文頁 86

2011 5 月

香港拯溺總會主席獎杯

- 空勤主任吳蔚昌先生在同年二月一次晚間搜救行動中，在極惡劣的環境下，成功救起 5 名墜海船員。除了個人救生星章外，是次救援行動再次獲頒香港拯溺總會年度最高榮譽——主席獎杯。

HKAR - 21

- 工程部獲香港民航處核准成為 HKAR-21 認可機構，並取得 Design Organization Approval（DOA）資格，成立設計辦公室，為機隊進行改裝工程。

香港急症科醫學院合作諒解備忘錄

- 為提高處理各種傷病者的院前急救、護理技巧,政府飛行服務隊與香港急症科醫學院簽訂了一份為期五年的合作諒解備忘錄。在這合作框架下,醫學院為空勤主任制定並教授一連串針對性的訓練課程。

南丫島海難

- 國慶煙花匯演開始前,兩艘滿載乘客的雙體船在南丫島北面榕樹灣對開相撞。其中一艘迅速下沉,多人墮海。直升機通宵進行搜救工作,並將部分危殆遇溺者送院急救。

美洲豹重新投入服務

- 工程部在不足一年的時間內替急降水塘的超級美洲豹直升機進行詳細復修工作,並完成覆檢及所有飛機系統測試。超級美洲豹直升機 B-HRN 重新投入服務。

見內文頁 **96**

新會展停機坪

● 在金紫荊廣場旁邊的新直升機停機坪啟用，取代了為配合道路填海工程而關閉的舊灣仔停機坪。

引入雙引擎訓練機

● 引入一隻由奧地利飛機廠 Diamond 製造的 DA42 小型飛機作訓練用途。由丁沛東機長用六天時間經保加利亞、土耳其、土庫曼、巴基斯坦、印度、泰國及越南把飛機送到香港特區。總飛行距離超過 11,000 公里。

2 月

索罟羣島救機

- 工程部首次在總部以外成功更換超級美洲豹直升機波箱及其相關組件。 見內文頁 75

3 月

吊運二戰炸彈

- 按警務處爆炸品處理課要求，在港島紫羅蘭山徑附近用直升機把第二次世界大戰時遺下的 2,000 磅重 M66 巨型空投炸彈運走。 見內文頁 141

8 月

颱風尤特

- 一艘載有 21 名船員的散裝貨輪 Trans Summer 號，在香港西南面約 80 公里因狂風暴雨而嚴重傾側，船長決定棄船。直升機來回拯救，在海中及 3 隻救生筏上合共救起 19 人。是次拯救行動再次獲國際海事組織（International Maritime Organization）頒受年度海上卓越英勇獎（Award for Exceptional Bravery at Sea）嘉許狀。 見內文頁 145

9 月

公務員優質服務獎勵計劃——銅獎

- 與香港天文台合作，以「熱帶氣旋偵測飛行」奪得部門合作獎——銅獎。

- 此項目糅合了兩部門的專業知識、精湛技術和豐富經驗，進一步提升氣象預測的準確度。在安全情況下，讓氣象數據得以適時傳遞及處理，為公眾提供更準確天氣預報。

政府飛行服務隊成立 20 周年晚宴

公務員優質服務獎勵計劃——優異獎

- 與香港警務處、機電工程處合作，以「聯合數碼通訊平台」奪得部門合作獎——優異獎。

香港急症科醫學院合作諒解備忘錄

- 與香港急症科醫學院再簽下另一份為期五年的合作協議，確保空勤主任的緊急院前護理訓練可持續發展。

12月 噴射機年代

- 隨着兩架龐巴迪亞挑戰者605型飛機到港,定翼機進入噴射引擎新時代。它可以飛得更快、更遠,有更高的續航力。除了一貫的遠程搜救任務外,飛機還可以執行長程傷病者運送及更安全的追風任務。

2017 8月 颱風天鴿

- 在香港西南面的萬山羣島水域中,先後救起 51 名分別來自 18 艘已沉沒、快將沉沒、擱淺或失聯船隻的船員。

見內文頁 153

2018 1月 HKAR–183

- 工程部獲香港民航處核准成為 HKAR- 183 認可機構,並取得 Organization Designation Approval(ODA)的專業資格,可向民航處處長推薦簽發新飛機適航證書。

5月 新家

- 把編號 B-HRS 的已退役捷流 41 型定翼機遷往啟德跑道公園作永久展覽。

6 月 首次在香港科學館參與公眾教育展覽

- 與香港科學館合作，舉行為期 4 個月的展覽。透過實物、
  錄像及輕鬆對談介紹日常工作及分享點滴。

引入新直升機 EC175B

- 法國空中巴士公司首批 3 架 EC175B 獵豹直升機由大型運輸空運到港,將逐步更換現役之超級美洲豹及海豚直升機隊。

獵豹處女航

- 完成民航處的註冊程序後,其中一隻獵豹直升機於 8 月 2 日以編號 B-LVD,首次由全部政府飛行服務隊機組人員試飛。

Prince Philip Helicopter Rescue Award

- 獲英國 Honourable Company of Air Pilots 頒發 2018 年度 Prince Philip Helicopter Rescue Award，表揚政府飛行服務隊在 2017 年超強颱風天鴿（Hato）襲港期間的海上英勇搜救行動。

鳴 謝

獻給各位不平凡的作者

2018 年是政府飛行服務隊成立 25 周年紀念，也是政府飛行服務隊退休人員協會正式成立的第一年。第一屆委員會決定出一部書，記錄隊中各部門過去的工作點滴。政府飛行服務隊雖然只有約三百名員工，但所涉及的工作範疇甚廣，各人需要上下一心，發揮所長，在不同工作領域上合作無間。

當前線機組人員奮力與風浪拼搏、搶救倖存者的同時，我們也不能忘記背後的一羣地勤英雄。他們一直默默地為所有直升機及定翼機檢查維修，確保每次各人都能安全折返。每個人都緊守自己的崗位，發揮不同的專業技能，才能將一個又一個艱辛的任務完成。所以委員會決定向所有現職及退休人員徵文，集合各人的真實體驗，寫成故事去出版這部書。讓讀者可以從不同角度去了解政府飛行服務隊的工作，全面地感受不同崗位的職務和各人對服務社會的熱忱。

我在這裏代表退休人員協會，對所有為今次出力獻文的同事和退休人員表示萬分感激。沒有你們的參與，事情不會那麼順利，甚至這部書可能沒法出版。更要感謝政府飛行服務隊總監及所有現職人員的支持，他們花上寶貴的時間，從不同渠道尋找資源，利用大量插圖、照片，又考證歷史，使本書能夠更生動、更有趣地展示給各位讀者欣賞。

　　最後，更要鳴謝本書的兩位編輯委員——李常福先生和陳恩明先生。
他們日以繼夜、不辭勞苦、絞盡腦汁，為這部書付出很多時間和心思。
還有霍偉豐先生和林國豪先生的全力協助。我在此向他們致敬。希望這
部書不負各位所望，能為部門光輝的歷史作一個印證。

梁冠平
政府飛行服務隊退休人員協會副主席

圖片來源

鳴謝以下機構及人士提供相片。以下未有列明來源之圖片均由作者及政府飛行服務隊提供。

頁 29（右下圖）及 30（上圖）	地政總署測繪處
頁 30（下圖）	Kamamoto P. Sung
頁 31	政府新聞處圖片資料室
頁 55	Wilson Chan
頁 105（上圖）	https://commons.wikimedia.org/wiki/File:Military_Personnel_Using_Link_Trainer,_Pepperell_Manufacturing_Company_（11327128056）.jpg
頁 105（下圖）	https://commons.wikimedia.org/wiki/File:Edlink_pt1930.jpg
頁 131	地政總署測繪處
頁 142	地政總署測繪處
頁 186	政府新聞處圖片資料室
頁 213（左圖）	地政總署測繪處
頁 250	政府新聞處圖片資料室

航空相片版權屬香港特區政府，經地政總署准許複印，版權特許編號 100/2018。